Erstaunter Glaube

Bildung und Pastoral
Herausgegeben von
Reinhard Feiter und Judith Könemann

Band 7

Albert Rouet

Erstaunter Glaube

Dank an die religiös Uninteressierten

Herausgegeben von
Hadwig Ana Maria Müller und
Reinhard Feiter

Matthias Grünewald Verlag

 Erzbischof Hermann Stiftung

Gedruckt mit Unterstützung der Erzbischof Hermann Stiftung der Erzdiözese Freiburg sowie der Katholischen Arbeitsstelle für Missionarische Pastoral (KAMP) in Erfurt

Aus dem Französischen übersetzt von Gabriele Stein

Titel der französischen Originalausgabe:
L'étonnement de croire
© Éditions de l'Atelier, DL 2013

 MIX
Papier | Fördert gute Waldnutzung
FSC® C083411

Die Verlagsgruppe Patmos ist sich ihrer Verantwortung gegenüber unserer Umwelt bewusst. Wir folgen dem Prinzip der Nachhaltigkeit und streben den Einklang von wirtschaftlicher Entwicklung, sozialer Sicherheit und Erhaltung unserer natürlichen Lebensgrundlagen an. Näheres zur Nachhaltigkeitsstrategie der Verlagsgruppe Patmos auf unserer Website www.verlagsgruppe-patmos.de/nachhaltig-gut-leben.
Übereinstimmend mit der EU-Verordnung zur allgemeinen Produktsicherheit (GPSR) stellen wir sicher, dass unsere Produkte die Sicherheitsstandards erfüllen. Näheres dazu auf unserer Website www.verlagsgruppe-patmos.de/produktsicherheit. Bei Fragen zur Produktsicherheit wenden Sie sich bitte an produktsicherheit@verlagsgruppe-patmos.de

Bibliografische Information der Deutschen Nationalbibliothek
Die Deutsche Nationalbibliothek verzeichnet diese Publikation in der Deutschen Nationalbibliografie; detaillierte bibliografische Daten sind im Internet über http://dnb.d-nb.de abrufbar.

2. Auflage 2023
Alle Rechte vorbehalten
© 2022 Matthias Grünewald Verlag
Verlagsgruppe Patmos in der Schwabenverlag AG, Senefelderstr. 12, 73760 Ostfildern
www.gruenewaldverlag.de

Umschlaggestaltung: Finken & Bumiller, Stuttgart
Umschlagabbildung: © sgrigor/shutterstock.com
Lektorat und Satz: Daniela Kranemann, Fa. Corrigenda, Erfurt
Druck: CPI books GmbH, Leck
Hergestellt in Deutschland
ISBN 978-3-7867-3302-7

Inhalt

Wie dieses Buch entstanden ist 7
Danksagungen 9
Ohne Karte losgehen 11

Kapitel 1
Dialog im Sinne des Konzils 19
Zwei Feststellungen 20
Den anderen benennen 22
Heraus aus der Konfrontation: Konversion 25
Die Intuition des Zweiten Vatikanischen Konzils 27
Das Konzil angesichts von Nichtglauben und Indifferenz 30
Nach dem Konzil 32
Vom Individualismus zur religiösen Indifferenz 34

Kapitel 2
Die Indifferenz wahrnehmen 37
Nicht benennen heißt: nicht sehen 38
Eine religiöse Last – zu schwer für einen allein 40
Andere Wege suchen 42
Erinnerungsarbeit 44
Die Erinnerungsarbeit erschließt einen Weg 45

Kapitel 3
Das Begehren befreien 49
Was zumutbar ist 50
Oberfläche und Untergrund 51
Offenbaren, was neu ist 52
Das Begehren wecken 54
In den Dialog eintreten 56
Die geheime Quelle freilegen 58
Die Wunden sprechen 59

Inhalt 5

Kapitel 4
Die Beunruhigung akzeptieren 61
Das Unmittelbare als Idol 64
Die Müdigkeit des Glaubens 66
Ein beunruhigter Glaube 69
Schwierige Hoffnung 74

Kapitel 5
Die Existenz verkosten 79
Welche Quelle von Glaubwürdigkeit ist verfügbar? 82
Eine fruchtbare spirituelle Linie 84

Kapitel 6
Eine liebevoll mitfühlende Kirche erfinden 91
Ein Weg liebevollen Mitfühlens 92
Nachbarschaft heißt nicht Nähe 96

Kapitel 7
In Beziehung treten, um zu leben 105
Glauben ist gut 107
„Für das Leben des Menschen" 109
Vom Heil sprechen 116

Kapitel 8
Glauben heißt tun 119
Überschneidungen und Anpassungen 120
Von Angesicht zu Angesicht 124
Welcher Berührungspunkt? 126
Seinen Weg gehen 130

Relecture 135

Wie dieses Buch entstanden ist

Dieses Buch ist im Gespräch entstanden, genauer gesagt, in vielen Gesprächen. An erster Stelle steht das Gespräch mit Albert Rouet, dem emeritierten Bischof des Erzbistums Poitiers und Autor von *L'étonnement de croire*, mit dem ich seit vielen Jahren im Briefwechsel stehe. Sein Buch selber ist ein Gespräch, und zwar ausgerechnet mit jenen, die ein Gespräch nicht interessiert, es sei denn, jemand möchte sie hören und bezeugt das mit so viel Liebe und einfühlsamer Achtung wie Rouet. Ich hatte sein Buch 2013 gelesen und in Auszügen übersetzt, um es in theologische Gespräche in Deutschland einzubringen.

Es dauerte aber einige Jahre, bis ich dank der Zeit, die mir das erste Corona-Jahr schenkte, daran dachte, das Gespräch mit jenen zu suchen, die an einer deutschen Veröffentlichung Interesse hätten und bereit wären, diese auch zu unterstützen: Ich danke der Erzbischof Hermann Stiftung der Erzdiözese Freiburg und der Katholischen Arbeitsstelle für Missionarische Pastoral (KAMP) in Erfurt sowie der Universität Münster, die Zuschüsse zusagten und mir so erlaubten, realistisch an die Planung zu gehen.

Nun begann das Gespräch mit dem Grünewald Verlag. Die durch neue Regeln veränderte Zusammenarbeit verlangte von seinem Lektor Volker Sühs und von mir immer wieder Geduld und Nachsicht. Jetzt ist der Zeitpunkt gekommen, Herrn Sühs meine Dankbarkeit auszudrücken – sowie der Übersetzerin, Frau Dr. Gabriele Stein. Ihre Mitte des letzten Jahres abgelieferte deutsche Version von Rouets Buch brachte das Gespräch mit dem Verlag wieder in Gang. Ihre Übersetzung regte erneut das Gespräch mit dem Buch in seinem französischen Wortlaut an. Musste dem eigenwilligen Stil des Autors nicht mehr Rechnung getragen werden? Was war mit dem, was im Deutschen unverständlich blieb? Eine Übersetzung ist nie fertig!

Prof. Dr. Reinhard Feiter öffnete mir die Augen für einzelne philosophische Anspielungen. In Gesprächen mit Freundinnen und Freunden ging es um die Suche nach dem Titel. Dr. Dietmar Bader unterstützte mich dabei, immer und immer wieder über den Fluss der vielfältigen Unterschiede zwischen französischer und deutscher Sprache und Denkweise überzusetzen.

Die Mühen unseres Hin- und Hergehens zwischen den beiden Sprachwelten hinterließen aber Spuren im deutschen Text, die bei der großartigen

Korrekturleserin, die Daniela Kranemann ist, zu Kommentaren, Fragen und Vorschlägen führten. Diese belebten noch einmal das Gespräch mit dem Text. Von Herzen danke ich ihr!

Reinhard Feiter ist nicht nur mit mir Herausgeber dieses Buches. Er hat es durch sein Vertrauen ermöglicht und inspiriert. Dafür und für die Jahre der Zusammenarbeit danke ich ihm.

Freiburg, 15. Januar 2022
Hadwig Ana Maria Müller

Danksagungen

„Wenn du anfängst, mit uns über Gott zu reden und das alles, dann gehen wir!" – Also haben wir Tischtennis gespielt, und sie sind geblieben.

„Komm mit uns spazieren, aber geh' uns nicht mit diesem Priesterkram auf die Nerven!"

Es ist elf Uhr, nach dem Abendessen. Die höfliche, in wohlerzogenem Desinteresse gestellte Frage: „Sagen Sie, mon Père, wie erklären Sie es sich, dass die Leute an nichts mehr glauben?"

Dir, dem Jugendlichen von 1969, euch, meinen Freunden, und Ihnen, gnädige Frau, und all den anderen, deren Indifferenz mein Interesse geweckt hat, danke ich, dass ihr religiöse Wüsten durchquert habt, um an die Ufer der Menschlichkeit zu gelangen. – Ihr habt mich auf den Weg gebracht.

Wie kann man all' denen gegenüber gleichgültig bleiben, denen dieses Buch seine Daseinsberechtigung verdankt?

Den Mitbrüdern und Laien, die mich zum Schreiben drängten. Jetzt sehen sie, was sie angerichtet haben.

Christiane Lanau mit ihren wohltuend professionellen und akkuraten Anmerkungen – und ihrer Meisterschaft im Umgang mit dem Computer.

Bernard Stéphan, Verlagsleiter der Éditions de l'Atelier, der mich überzeugt und ermutigt hat. Seinem Team: Charlotte Goure und Lou Itier, die mich wirkungsvoll unterstützt haben.

Wer immer den folgenden Seiten etwas abgewinnen kann, möge ihnen allen danken. Wie ich es hiermit tue.

Ohne Karte losgehen

Wie alle Männer meiner Generation wurde auch ich in Algerien „zu den Fahnen gerufen" und musste in dieser riesigen Weite aus Sand und Halfagrasbüscheln meinen Wehrdienst ableisten. Zu unserer Mission gehörten ständige Truppenbewegungen mit den Nomadenbevölkerungen. Eines Tages führte uns eine etwas gewagtere Erkundung in ein Gebiet, das unbewohnt war, weil es dort keine guten Weidegründe gab. Zu unserer Überraschung war die Generalstabskarte von dieser Region vollkommen weiß: Nichts war dort eingezeichnet, kein Weg, keine Zuflucht, kein Wadi, rein gar nichts. Es war ein unbekanntes Land, das erst noch entdeckt werden musste.

An Rückzug war nicht zu denken, denn die größte Gefahr bestand darin, im Kreis zu laufen. Eine Erregung hatte uns gepackt und darüber hinaus das eigenartige Gefühl, einen unendlichen Raum zu entdecken, mit unbekanntem Namen und ohne eingetragene Koordinaten.

Jetzt, wo ich im Begriff bin, mich an ein Element der aktuellen religiösen Situation heranzutasten, kommt mir diese Jugenderinnerung wieder in den Sinn. Die pastoralen Methoden sind gut darin, Klassifizierungen vorzunehmen. Sie definieren soziale Milieus (das Arbeitermilieu, das ländliche Milieu usw.) und Altersgruppen, kurzum: Sie legen Zugehörigkeiten fest, in denen sie die Zielpersonen ihrer Projekte und Bemühungen verorten. Heute jedoch zeigt sich ein anderes Phänomen, ähnlich undefinierbar wie das unbekannte Land in meiner Erinnerung, eine Art „weißer Fleck" auf der Landkarte. Die Leute sind, sagt man, weder für noch gegen die Religion. Sie sind anderswo, praktisch ungreifbar. Wie Nomaden sieht man sie auf wechselnden Wegen in die verschiedensten Länder ziehen.

Wie soll man diese Situation benennen, die sich übrigens auch bei politischen Einstellungen wiederfindet? Wie lässt sie sich überhaupt fassen, da sie Menschen aus allen Verhältnissen und Altersgruppen betrifft? Es handelt sich um eine grenzüberschreitende Wirklichkeit, die jeden von uns tangiert: Niemand kann seine Umgebung oder auch nur sämtliche Aspekte seines Privatlebens ständig mit unverminderter Wachsamkeit im Auge behalten. In Ermangelung eines besseren Ausdrucks müssen wir wohl von „religiöser Indifferenz" sprechen.

Dabei handelt es sich um etwas gänzlich anderes als den im 19. Jahrhundert sogenannten „Indifferentismus". Darunter wurden jene Personen zusammengefasst, für die alle Religionen unterschiedslos gleichwertig waren. In unserem Fall sind es nicht die Menschen, die als indifferent klassifiziert und abgestempelt werden, sondern eine Geisteshaltung, eine Einstellung, eine generelle Unschlüssigkeit, die sich auf alles erstreckt, ohne sich klar festzulegen. Sie begreifen zu wollen, bedeutet, sich in einer Spiralbewegung vorzutasten, immer wieder auf dieselben Positionen zurückzukommen, neue Standpunkte einzunehmen, kurzum: ohne Karte aufzubrechen, um diese neue Welt zu erkunden.

*

Wenn es einen Punkt gibt, an dem die verschiedenen Analysen der religiösen Situation in Frankreich nicht übereinstimmen, dann ist es die religiöse Indifferenz. Ihre Annäherung und ihre Beschreibung entziehen sich jedem noch so weit gefassten konzeptionellen Zugriff. Wo fängt sie an? Wo hört sie auf? In so vielen Punkten herrscht theoretische Unsicherheit und praktische Unentschlossenheit. Die Gläubigen können ihren Glauben zum Ausdruck bringen, mehr oder weniger gut natürlich. Die Nichtgläubigen bringen ihre Gründe vor, keiner im engeren Sinne religiösen Überzeugung anzuhängen. Die Grenzen zwischen Ersteren, die einer Kirche, und Letzteren, die Clubs oder geistigen Strömungen angehören, sind klar gezogen. Jene aber, die sich nicht auf eine irgendwie besondere Weise abgrenzen, die aufgrund oder mangels einer Entscheidung weder bewusst gläubig noch bewusst nichtgläubig sind, wie soll man sie begreifen? Zumal sie oft behaupten, nichts Besonderes an sich zu haben, und sich bei entsprechenden Themen in der Masse derer sehen, die, wie es in Umfragen heißt, „keine Meinung" haben oder „sich enthalten".

Das Fehlen einer klaren Position hat allerdings zur Folge, sich ihrer weniger bewusst zu werden. Eine religiöse Haltung, die nicht irgendwie differenziert wird, ist schwer zu verstehen. Es handelt sich einfach um eine Tatsache, eine Ansicht – mehr nicht. Eine Ansicht muss nicht unbedingt gerechtfertigt werden. Erziehung, soziales Milieu, Unwissenheit, fehlende Neugier, das Abrücken von der Leidenschaftlichkeit religiöser Überzeugungen, die Furcht vor erdrückenden Kollektiven – das alles genügt, um Existenzen in der Neutralität zu vereinen. Deshalb ist das Phänomen so schwer zu definieren: sowohl für die Religionssoziologen, deren Forschungsgegenstand methodisch spezifiziert sein muss, als auch für die Seelsorger, die eher geneigt sind, über religiöse Themen zu debattieren als sich einem Schweigen und einem Desinteresse auszusetzen, das sich de facto jeder Debatte verweigert. Oft schenken Journalisten diesem Phänomen größere Beachtung als die „Fachleute" für die Erforschung oder Ausübung der Religionen. Diese Schwierigkeit vergrößert sich dadurch, dass eine bewusste Entscheidung fehlt. Mit ihren verschwommenen Umrissen ist die religiöse Indifferenz etwas Fluktuierendes. Ohne klare Grenzen oszilliert sie zwischen einer „eher positiven" Einstellung zu anziehenden Ereignissen oder Persönlichkeiten (wie dem in Frankreich sehr populären Abbé Pierre) und einer Haltung des Argwohns oder der harschen Missbilligung (etwa wenn sich Verantwortliche in Politik oder Religion unmoralisch verhalten).

Die schillernde Fläche dieser religiösen Indifferenz mit ihren changierenden Farben erklärt, weshalb manche Beobachter und vor allem Seelsorger ihre Existenz und ihren Umfang leugnen. Diese Blindheit wird durch die Zweiteilung von Klassifizierungen und Denkweisen begünstigt: So werden die „eher positiv" und die „eher negativ" Eingestellten ähnlich wie in Umfragen dem Pro- bzw. dem Kontra-Lager zugeordnet. Man muss mit Ja oder mit Nein antworten: Für einen dritten Stand ist in dieser bipolaren Welt kein Platz. Die „Indifferenten" müssen einfach – je nachdem, vielleicht nur weniger deutlich – genauso behandelt werden wie die anderen: entweder als Parteigänger oder als noch nicht erklärte Gegner. Folglich ist auch für sie der Dialog vorgesehen. Wir werden uns also einiges von dem in Erinnerung rufen müssen, was zum Dialog schon gesagt wurde.

*

Die Fakten sind sperrig und sträuben sich gegen diese Manie der bipolaren Klassifizierung. Die Zahl derer, die angeben, dass ihnen Fragen der Religion fernliegen, spricht für sich. Sie sind weder „dafür" noch „dagegen", sondern anderswo, in einer, was das Religiöse betrifft, gleichsam aseptischen Welt, was aber durchaus heißen kann, dass sie im Bedarfsfall die Dienste der Religion in Anspruch nehmen, weil sie meinen, „ein Recht darauf" zu haben. Für einen Teil dieser Personen, weit weg von jeder Religion, bilden religiöse Feiern nach wie vor einen festen Bestandteil familiärer Feste, wobei es Befürworter und Gegner gibt. Was diese unterscheidet, verbindet sie allerdings auch. Wenn man nämlich die Überzeugten auf beiden Seiten wegnimmt, bleibt eine zwischen beiden Positionen schwankende Mitte. So will beispielsweise ein und dieselbe Familie ihr drittes Kind taufen lassen, obwohl die beiden anderen dieses Sakrament nicht empfangen haben. Das geschieht ohne Bedauern und Bedenken: Es ist einfach so. Solche Praktiken nicht zu hinterfragen, fällt schwer. In diesem Fall besitzt der Begriff „Indifferenz" gerade wegen seines vagen und schwer greifbaren Charakters eine gewisse Relevanz[1], um sich solchen Verhaltensweisen anzunähern zu versuchen.

*

Drei weitere Gründe gibt es vielleicht für das Unbehagen, das der Begriff der Indifferenz auslöst: die Zahl der Personen, die sie bekunden, die spirituelle Dimension des Menschen und die Säkularisierung unserer Gesellschaft.

Nehmen wir zunächst die *Zahl*. Immer neue Umfragen nehmen die Zahl der Praktizierenden und den Inhalt ihres Glaubens unter die Lupe. Auch wenn die jeweils gestellten Fragen eine gründliche Überprüfung verdienen, so zeigen die veröffentlichten Antworten doch zumindest, dass die Gläubigen nicht mehr jene überwältigende Mehrheit darstellen, deren schiere Masse schon genügt, um ihre Position zu rechtfertigen.[2] Gestern noch musste der Nichtgläubige seinen Nichtglauben erklären und sich die Frage gefallen lassen, wie er mit diesem Mangel an Glauben lebe; heute ist es der Gläubige, den man auffordert, dieses „Mehr", das er den Glauben nennt, zu rechtfertigen: inwiefern es ihn lebendig macht („Was bringt es zu glauben?") und inwiefern es sein Leben verändert. „Zahl" meint hier nicht, die Personen zu beziffern, die innerhalb eines Landes einer bestimmten Religion angehören, sondern sich bewusst zu machen, dass sich das Verhältnis zwischen Gläubigen und Gesamtbevölkerung umgekehrt hat.

Die Gläubigen sind häufig dermaßen von Zahlen fasziniert, dass die Angst, zu wenige zu sein („Wie viele Priester haben wir überhaupt noch?"), sie förmlich lähmt oder dass sie sich von der schieren Menge einer Versammlung überwältigen lassen („Wir waren Tausende!"). Es ist leicht festzustellen, dass dieses Bestreben, sich zahlenmäßig durchzusetzen, einhergeht mit der Weigerung, sich in Frage stellen zu lassen, mit der Furcht vor kritischer Selbstreflexion, mit selbstbezogenem Geltungsan-

---

[1] Schon Maurice Zundel sagte im Januar 1974: „Welche Bedeutung können […] die Kirchen, die Kathedralen […] für den Mann von der Straße haben? Gar keine, wenn er nicht in der Tiefe seines Herzens von einem Ereignis berührt worden ist, das sich in sein Leben hineingeschrieben hat" (*Présence de Maurice Zundel*, N° 74, April 2011, p. 15).

[2] Dieser Unterschied gegenüber früheren Zeiten lässt sich eindrucksvoll an einem Text des Petrus Venerabilis, Abt von Cluny (1122–1156), veranschaulichen, der in seiner Schrift *Gegen die Juden* von der „grenzenlosen Menge der über die ganze Erde verbreiteten Gläubigen" gemessen an der „winzigen Zahl der Ungläubigen" spricht, zu denen er auch die Juden zählt (zitiert nach Dominique Iogna-Prat, *Ordonner et Exclure. Cluny et la société chrétienne face à l'hérésie, au judaïsme et à l'islam, 1000–1150*, Paris, Flammarion, coll. „Champs", 2000, p. 286).

spruch und eingebildeter Reinheit der Lehre. Diese Jagd auf Zahlen, die sich bei jeder Partei oder sozialen Gruppe findet, banalisiert die Besonderheit des Glaubens und macht aus den Glaubenden eine Gruppe wie jede andere.

Allein schon durch den Schutz, den sie aufbaut, ruft die Indifferenz eine zweifache Isolation hervor: Sie grenzt diejenigen aus, die sich nicht für religiöse Fragen interessieren; und sie pfercht die Gläubigen zusammen, die – weil sie dieses Desinteresse spüren oder sich daran stoßen – sich ihrerseits gedrängt fühlen, ihre Identität desto klarer zu bekunden. Eine solche Reaktion ruft eine noch größere Isolation hervor und entfernt sie noch weiter von der Welt der Indifferenz, befriedigt aber ihre Selbstwahrnehmung.

Die Indifferenz sorgt auch deshalb für Unbehagen, weil sie die *spirituelle Dimension* des Menschen auszublenden scheint. Hier kann der Apostel Paulus Klarheit schaffen. Von der semitischen Kultur durchdrungen, unterteilt er den Menschen in „Leib, Seele und Geist" (vgl. 1 Thess 5,23). Für ihn gibt es also den „psychischen Menschen", mit seinen vom Fühlen, Erkennen und Wollen bestimmten Anteilen, und den „geisterfüllte[n] Menschen" (1 Kor 2,14–15), der vom Heiligen Geist beseelt ist. In diesem Fall ist die Definition von „spirituell" – geistlich – klar: Das Spirituelle meint den Menschen, der den Geist Christi empfangen hat und aus seiner Beseelung lebt. Das Psychische geht aus der menschlichen Natur und ihren Möglichkeiten hervor.

Die Übernahme der dualistischen griechischen Anthropologie – Leib und Seele – führte nicht in der Theorie, wohl aber in der Praxis dazu, das Verhältnis zwischen der Seele im psychologischen Sinne und dem auf Gott bezogenen menschlichen Geist zu blockieren. Nunmehr steht das Spirituelle für die emporgerichteten Blicke des Menschen und ihren grenzenlosen Horizont. Die „Seele", diese von ihren Bezügen auf welche Gottheit auch immer losgelöste Seele, streckt sich mit ihrem unbegrenzten Verlangen und Streben weitestmöglich aus: Das Leben, die Natur, die Liebe dienen ihr als beinahe vergöttlichte Absoluta. Das ist jene „horizontale Transzendenz", von der Luc Ferry[3] so gern spricht. Es gibt Menschen, die an die Unsterblichkeit der Seele glauben, ohne an Gott zu glauben.

---

3   Anm. d. Übers.: Luc Ferry (1951), Philosophieprofessor und 2002–2004 Bildungsminister in dem rechtsorientierten Kabinett von Premierminister Raffarin. In seiner Kritik der sogenannten spätmodernen Denker plädiert er für eine Philosophie, die das Selbst des Menschen rettet, und für einen Humanismus ohne Gott. Das Göttliche kann ohne Vermittlung durch eine religiöse Instanz im anderen wiedergefunden werden.

Diese Ansichten sind weit verbreitet, sie werfen umfassende Probleme auf, die hier nur benannt werden. Zunächst ist festzuhalten, dass religiös Indifferente nicht wie Amputierte betrachtet werden dürfen, abgeschnitten von jedwedem spirituellen Leben. Zwar dürfen diese Formen von Spiritualität kritisiert, auf ihre Widersprüchlichkeit darf hingewiesen werden, doch nicht ohne anzuerkennen, dass sie eine Großherzigkeit und ein Übersich-Hinausgehen mit sich bringen. „Der Mensch übersteigt unendlich den Menschen", schrieb Pascal.[4] Das zeigt sich an ganz alltäglichen Dingen: einem erwiesenen Dienst, einer Bewunderung für die Natur, einer Liebe zur Liebe. Indifferenz geht nicht notwendig mit plattem Materialismus einher. Sie bewahrt sich eine Offenheit für ein Über-sich-selbst-Hinaus und einen Ruf. Doch dieser Ruf richtet sich an keine der etablierten Religionen. Er richtet sich an etwas außerhalb oder neben ihnen. Das erklärt nicht wenige Missverständnisse: Die Religionen neigen dazu, Personen zu ihren Anhängern zu zählen, die sich zwar gelegentlich an sie wenden, sich aber in den Institutionen, die diese Glaubenstraditionen repräsentieren, eigentlich gar nicht wiedererkennen. Das spirituelle Leben und die Zugehörigkeit zu einer Gemeinschaft sind mittlerweile zwei voneinander getrennte Dinge, und beide gehen in letzter Instanz aus der souveränen Entscheidung des oder der Einzelnen hervor.

*

Die *Säkularisierung* unserer Gesellschaft – der dritte Grund dafür, dass die religiöse Indifferenz so schwer zu verstehen ist – bezeichnet einen kulturellen und sozialen Bruch. In einer ersten konfliktgeprägten Phase erkämpften sich die Naturwissenschaften und die Technik ihre Autonomie, ohne Antworten auf ihre Fragen in einer religiösen Welt zu suchen, die bis dato alle Wissensbestände kontrollierte. Nach vielen Missverständnissen und Überreaktionen auf beiden Seiten etablierte sich ein befriedetes Nebeneinander. Die Säkularisierung versuchte nicht länger, auf das Gebiet der Religion vorzurücken, und erkannte durch ebendiese Zurückhaltung an, dass es eine Herangehensweise an das Menschsein gibt, die nicht ausschließlich aus wissenschaftlicher Rationalität erwächst.

Heute treten wir in eine neue Etappe der Säkularisierung ein. Die Welt der Religion hat dadurch, dass sich die verschiedenen politischen, gesellschaftlichen, juristischen und wissenschaftlichen Institutionen von ihr distanziert

---

[4] Blaise Pascal, *Pensées*, Paris, G. Charpentier et E. Fasquelle Éditeurs, 1670, chap. X, p. 219 [zitiert nach der deutschen Übersetzung: *Gedanken über die Religion und über einige andere Gegenstände*, Heidelberg, [8]1978, Fr. 434, S. 202].

haben, an inhaltlicher Dichte und auch an Interesse verloren. In dem frei gewordenen Raum nimmt die Unwissenheit zu, und es entwickelt sich die unterschiedlichsten Formen von Leichtgläubigkeit. Die Naturwissenschaften enttäuschen, so glorreich sie auch sein mögen. Die Beherrschung des Atoms brachte die Atombombe und nukleare Unfälle. Auch wenn sie zum Glück selten sind, säen solche Katastrophen Zweifel und Ängste, die immer weiter um sich greifen. Um der Gesundheit willen, die die Franzosen als ihr zweitwichtigstes Gut angeben,[5] soll man Medikamente nehmen, deren Nachwirkungen die Gerichte beschäftigen. Das wirtschaftliche Wachstum verschärft die Ungleichheiten, die Arbeitslosigkeit usw.

Was also vermag dem Dasein des Menschen noch Sicherheit zu geben? Da er außerhalb seiner selbst so wenig Halt findet, verschließt er sich in seiner eigenen Welt: Der Individualismus wird sein Schutz. Mangels großartiger Projekte für eine Zukunft, die ihren Zauber verloren hat, bleibt ihm nur die Begeisterung für das Unmittelbare. Die Werte der „horizontalen Transzendenz" passen in das Schneckenhaus des Individuums. Das wahrhaft paradoxe Ergebnis dieser Entwicklung ist eine Welt ohne Andersheit, genauer gesagt, eine Welt, in der die Andersheit als Bedrohung empfunden wird. Daraus folgt auf der einen Seite eine weitreichende Zersplitterung nach dem Motto „jeder für sich", das heißt eine Fragmentierung der Gesellschaft; und andererseits – weil die Gesellschaft in jedem ihrer Mitglieder identisch reagiert – ein uniformes „Selbes": dieselbe Zurückgezogenheit, dasselbe Konsumverhalten, dieselben Freizeitaktivitäten, dieselben Desinteressen usw. Auf diese Weise gelingt es unserer Gesellschaft, maximale Einförmigkeit mit maximaler Individualisierung zu vereinbaren. Mit diesem Widerspruch zu leben, ist mühsam: Wie kann ich „ich selbst" sein in einer Welt, die die Einförmigkeit und glatte, schnurgerade Lebens- und Denknormen fördert? In einer solchen Situation wird der Individualismus zur einzigen Überlebenschance. Seine unmittelbare Folge – um nicht aus sich herausgehen und sich dem Sturm aussetzen zu müssen – ist die Indifferenz. Wie ist es möglich, unter diesen Bedingungen ins Gespräch zu kommen?

---

[5] Taylor Nelson Sofres für *La Croix* (Oktober 2011), „Baromètre des préoccupations des Français", Vergleich zwischen Oktober 2006 und Oktober 2011.

Kapitel 1
Dialog im Sinne des Konzils

Schon vor dem *Zweiten Vatikanischen Konzil* und besonders danach setzt jede Pastoral auf den Dialog. Jeder Dialog aber setzt ein Minimum an Einigkeit, eine gemeinsame Grundlage voraus, damit die Gesprächspartner sich verständigen können. Die Uneinigkeiten kommen später, wenn man unterschiedliche Horizonte in den Blick nimmt, doch der Ausgangspunkt ist zunächst einmal derselbe. So sind die vielfältigen Rosenarten durch natürliche Mutationen oder gezielt herbeigeführte Züchtungen aus ein und demselben wilden Heckenrosenstrauch hervorgegangen. Die Rosenstöcke sind unterschiedlich, zuweilen ähneln sie einander kaum, und doch stammen sie alle von demselben Wurzelstock ab. Die älteste Rose entfaltet also ihr Potential in ihren Abkömmlingen, unter der Bedingung, dass diese aufgrund äußerer klimatischer Bedingungen oder durch unerwartete Ergebnisse bei Veredelung und Zucht nicht mit ihr identisch bleiben.

Genauso ist es mit dem Dialog. Ohne gemeinsame Basis gibt es keinen Austausch. Deshalb schreitet der Dialog nur dann zu echten Entdeckungen voran, wenn die Grundlagen, auf denen er beginnen kann, gründlich vergewissert wurden. Der Dialog ist ein Sich-Besinnen auf den Ursprung, eine Erinnerungsarbeit. Andernfalls „hat man sich nichts zu sagen" oder „redet, um nichts sagen zu müssen".

Genauer gesagt: Auf dem Weg zu einem gemeinsamen Ursprung – einer gemeinsamen Sprache, einer gemeinsamen Kultur, einer gemeinsamen Geschichte –, der ein echtes Gespräch fördert, wird zugleich deutlich, dass die Beziehungen der jeweiligen Gesprächspartner zu diesem, objektiv betrachtet, gemeinsamen Ursprung von Person zu Person sehr unterschiedlich sind. Ein Ereignis, das für den einen beglückend ist, kann für den anderen belastend sein. Ein Wort, das für den einen neutral ist, kann im anderen heftige Emotionen hervorrufen. Die Beziehung zum Ursprung variiert also je nach Person, und diese unwillkürlichen Interpretationen spiegeln sich in jedem Dialog. Insofern beinhaltet er ein Ärmerwerden, eine Arbeit, um emotionale Lasten abzuwerfen und uneingestandene Motive aufzuklären, die mit einem Gesprächsthema verbunden sind.

Wenn er sich dieser Askese der Begegnung nicht aussetzt, drohen dem Dialog Verhärtung oder Verdunstung. Positionen verhärten sich aus der Furcht, die eigenen affektiven Beziehungen zum Gesprächsthema offenlegen zu müssen; der Dialog verdunstet zu befriedigenden, einvernehmlichen und wirkungslosen Gemeinplätzen, die von „Menschlichkeit" reden, davon, „alle aufzunehmen" und „jeden zu respektieren". Alle diese Anstrengungen wollen nur das Unberührbare umzäunen und schützen: den geheimen Garten. Und dann wird der Dialog vor allem eines: Dialogvermeidung. Jeder zeichnet im Vorfeld eine Karte der verbotenen Stadt und des heiligen Bezirks.

Diese Vorbemerkung erscheint vielleicht abstrakt. Und doch hat sie mit unserem Thema zu tun. Der Dialog mit dem Islam trägt schwer an der Last und an den Narben der Jahrhunderte von Kriegen und Besetzungen. Früher konnte man im Dialog mit den Nichtglaubenden eine saubere Trennlinie ziehen: zwischen den Befürwortern und den Gegnern des Marxismus. Der Nichtglaube der einen und der der anderen und der jeweilige Dialog hatten nicht dieselbe Grundlage. Heute definiert sich der andere, das Gegenüber, der Gesprächspartner als Wissenschaftler, Künstler, Techniker usw. Oft, nicht immer, sind Gläubige, die einen ähnlichen Forschungs- und Arbeitsbereich haben und anerkannt sind in ihrer beruflichen Kompetenz, am wenigsten in der Lage, sich auszutauschen. Ebenso kommt es paradoxerweise vor, dass Personen mit völlig unterschiedlicher Qualifikation enge und geschwisterliche Beziehungen pflegen. Der Dialog folgt also nicht immer vorbestimmten Kriterien, die ein Unter-sich-Sein nach Kategorien reproduzieren würden.

Zwei Feststellungen

Nach diesen Variationen über ein erst angedeutetes Thema ergeben sich zwei Feststellungen. Die erste: Jeder Seite wird nahegelegt, sich, wie es in den Umfragen heißt, als „eher gläubig" oder „eher nichtgläubig" zu positionieren. Wir wissen aber, dass ein gläubiger Mensch immer auch einen Anteil Nichtglauben oder Fehlglauben in sich trägt, sonst wäre der Glaube nichts anderes als eine klare und endgültige Anschauung; und genauso wissen wir, dass im Nichtgläubigen eine Suche, eine Leidenschaft, ein berufliches oder familiäres, politisches oder kulturelles Engagement, jedenfalls ein selbstloser Impuls brennt, den manche in Anlehnung an Karl Jaspers[1] ohne Scheu als „philosophischen Glauben" bezeichnen. Auf diesen Grundlagen kennt oder ahnt jede Seite, was der Gesprächspartner, der

---

[1] Laut Karl Jaspers (1883–1969) hat der Mensch, sofern er dem „philosophischen Glauben" anhängt, eine eigene Beziehung zur Transzendenz, die zwar grundsätzlich anders, aber doch nicht weniger ursprünglich ist als der Glaube im religiösen Sinne.

interlocuteur [wie es im Französischen heißt], akzeptiert und für wahr hält. Das Wort ist gut gewählt, denn der Akt des Sprechens, die *locution*, basiert auf einem *Inter-*, einem Zwischen-Zweien, das die Begegnung begünstigt. Im engeren Wortsinn verbindet die beteiligten Personen eine gemeinsame Kultur: ein solidarisches Engagement, eine in derselben Dynamik gelebte Freundschaft, eine geteilte Geschichte.

Mit diesen – als „Nichtglaubende", als „Frauen und Männer guten Willens", als streitbare Atheisten, aber auch als Angehörige anderer christlicher Konfessionen oder anderer Religionen identifizierten – Dialogpartnern hat sich die Kirche des *Zweiten Vatikanischen Konzils* auf das Abenteuer eingelassen, „zum Gespräch zu werden".[2] Sie hat darin eine gewisse Expertise erworben, die umso deutlicher ausgeprägt war, je mehr auch ihr Gegenüber mit erkennbaren Überzeugungen auftrat. Die Begegnungen waren offen und transparent, auch dort, wo jene, die sich dem Dialog verweigerten, nur Fallstricke, Nebelkerzen und Verführung sahen. Es gab Höhe- und Tiefpunkte, Rückschritte, Unnachgiebigkeiten, doch der zähe Wille, sich eine Haltung des Zuhörens und Aufnehmens, des Vorschlagens und Erklärens zu bewahren, bahnte einen Weg, auf den die Teilnehmenden sich einlassen konnten. Der Dialog erwächst aus einer Selbsthingabe, die sich den Überraschungen aussetzt, die mit dem Anderssein des anderen verbunden sind.

Die zweite Feststellung: Wenn der Dialog auf persönlicher Ebene eine solche Präsenz für den anderen verlangt, ist es dann nötig, ihn deswegen gleich zu institutionalisieren? Das ist im ökumenischen Dialog der Fall: zwischen Abgesandten verschiedener Bekenntnisse, die mit einem gewissen Maß an offizieller Repräsentanz ausgestattet sind. Es heißt allgemein, dass das Gemeinsame dieser Bekenntnisse größer ist als das, was sie trennt. So sehr das für Vertreter christlicher Gemeinschaften gelten mag, lässt sich aber auch für den Dialog mit den Nichtglaubenden davon ausgehen? Die Vorteile springen ins Auge: Wille zur Offenheit, positives Image der Institutionen, beiderseitige Anerkennung des Daseinsrechts des jeweils anderen. Doch die Nachteile sind nicht zu übersehen. Welcher Typ von Nichtglaubenden soll als zum Dialog geeignet und berechtigt anerkannt werden? Hieße dies nicht, eine Kategorie von Nichtglaubenden zu schaffen, die auf ein protokollarisches Modell reduziert werden? Und hieße es nicht auch, das Engagement in einer persönlichen Beziehung umzuwan-

---

[2] Paul VI.: „Die Kirche muss zu einem Dialog mit der Welt kommen, in der sie nun einmal lebt. Die Kirche macht sich selbst zum Wort, zur Botschaft, zum Dialog" (*Ecclesiam suam* 65).

deln in die Funktion einer quasioffiziellen Repräsentation? Welchen Vorteil soll das haben, der nicht zugleich um den Preis einer Vereinnahmung erkauft würde? Ein Treffen von Angesicht zu Angesicht Einzelner, die nur sich selbst repräsentieren und den öffentlichen Dialog mit einer etablierten Institution oft nur akzeptieren, um ihren Freunden einen Gefallen zu tun, ist zu wenig beispielhaft, als dass diese, allerdings nicht uninteressanten Begegnungen die Bezeichnung Dialog verdienen würden. Diese öffentlichen Begegnungen nämlich drängen jeden dazu, eine Stelle zu besetzen, das heißt, sie legen ihn auf eine bestimmte Position fest. Wenn sich der Atheist im Rahmen eines öffentlichen Gesprächs zwischen Gläubigen und Nichtgläubigen bekehrt, was wird dann aus dem Dialog? Dann verliert der Arzt seine Patienten! Wenn das Stück nicht durchfallen soll, müssen die Schauspieler ihre Rollen spielen. Nach der Diskussion auf dem Platz kehrt der eine nach Hause und der andere in seine Kathedrale zurück, und beide sind mit ihrer Darbietung zufrieden, denn sie haben ihre Toleranz unter Beweis gestellt. Allerdings beinhaltet auch ein solcher Austausch wechselseitige Anerkennung und erschließt das Verständnis für andere kulturelle Räume.

Abseits dieser offiziellen Veranstaltungen stützen sich zahlreiche Dialoge zwischen zwei Personen oder in kleinen Gruppen auf andere Grundlagen, namentlich auf die Dauer, die Zeit, die es braucht, um miteinander vertraut zu werden („sich gegenseitig zu zähmen", wie Antoine de Saint-Exupéry gesagt hätte). Dieses langsame Entdecken spürt über Sinn und Bedeutung der Worte hinaus ihrem Gewicht in der Geschichte der Gesprächspartner nach, dem, was sie einem Leben abverlangt haben. Die Geduld in den Beziehungen lässt vergrabene Saaten aufkeimen; sie bringt Luft an nicht eingestandene Wunden und lässt geheime Hoffnungen spürbar werden. Wo Begegnung und Miteinander beginnen, offenbart sich nach und nach die Besonderheit des Einzelnen.

Den anderen benennen

Diese Bemerkungen über den Dialog, insbesondere mit den Nichtglaubenden, sollen hier genügen, um offenzulegen, was auf dem Spiel steht. Ein kurzer Überblick über die Entwicklung des Vokabulars wird weitere Klarheit bringen. Der Begriff des „Nichtglaubenden" ist im Großen und Ganzen negativ: Er setzt den, der glaubt, als positiv voraus und stellt ihm den Menschen gegenüber, der nicht glaubt, der etwas „versäumt". Vom Nichtglaubenden wird also erwartet, dass er sein Nicht-Glauben rechtfertigt, was umgekehrt bedeutet, dass der Glaubende durch eine Art mehrheitlicher oder gesellschaftlicher Übereinkunft von der Pflicht entbunden wird, zu erklären, weshalb er glaubt. Dreimal wurde in der Geschichte die Offensichtlichkeit des Glaubens durch das Aufkommen neuer Vokabeln oder durch eine Bedeutungsveränderung bereits bestehender Begriffe in Frage gestellt. Und dreimal ging diese Infragestellung mit einer Krise der Gesellschaft einher.

Im Laufe des 12. Jahrhunderts kam es angesichts vielfältiger lokaler Häresien und in Auseinandersetzung mit den Juden und der „Sekte der Sarazenen" zum Begriff des *mécréant* als Bezeichnung für jemanden, der etwas Falsches glaubt und einem „falschen" (entweder irrigen oder vorgetäuschten) Glauben anhängt. Zwei weitere Phänomene prägten die betreffende Epoche: „einerseits die Erfindung der Ketzerei im mittelalterlichen Abendland des 11., 12. und 13. Jahrhunderts und andererseits der ‚Rationalisierungsprozess', den die gelehrte Welt zur selben Zeit durchlief".[3] Angesichts dieser kulturellen Veränderungen und des Aufkommens fremder Religionen auf seinem eigenen Territorium fehlte es dem amtlichen Glauben an Flexibilität.

Die Renaissance löste tiefgreifende Turbulenzen aus: die Wertschätzung der griechisch-lateinischen Quellen, die Erfindung des Buchdrucks, die Religionskriege, die Freude an neuen Erfahrungen, die Entdeckung neuer Welten usw. – allesamt Krisenfaktoren, die den Zustand der Kultur veränderten und eine neue Art und Weise hervorbrachten, die Welt zu denken. In dieser Zeit wird es üblich, die Verachtung der Religion mit dem alten Adjektiv *impie*, gottlos, zum Ausdruck zu bringen. Tatsächlich verliert die Religion ihre absolute Macht über die Ideen, das Wissen und die Künste. In seinem berühmten Buch über Rabelais verweist Lucien Febvre auf die Unlogik des Verfassers von *Le Tiers Livre*, der an Gott als Ursprung und Ziel festhält, um „zwischen diesem Anfang und diesem Ende alle Dinge und alle Geister sorgfältig einzuordnen", sich dabei aber kaum auf Gott bezieht. Eine der Ursachen dieser Unlogik sieht Febvre darin, „dass die Philosophie damals nur aus Meinungen bestand, einem Gewirr widersprüchlicher Meinungen, haltlos, weil ihnen noch die solide, verlässliche Basis fehlte, die Grundlage, die sie festigen sollte: die Wissenschaft".[4]

---

[3] Dominique Iogna-Prat, a.a.O., p. 126.
[4] Lucien Febvre, Le Problème de l'incroyance au XVIe siècle. La religion de Rabelais (1942), Paris, Albin, Michel, coll. „L'Évolution de l'humanité", 1968, p. 351 [dt. Übers.: Das Problem des Unglaubens im 16. Jahrhundert: die Religion des Rabelais, Stuttgart, 2002, S. 334].

Doch das sollte schnell kommen, sobald die Bastion der scholastischen Strenge gefallen war.

Und so gelangen wir zum Ende des 19. Jahrhunderts, mitten hinein in den hitzigen Streit zwischen Wissenschaft und Glauben. Die Wissenschaften haben sich ausdifferenziert, das Vokabular hat sich erweitert. Das Wort *libertin*, freizügig, hat seinen religiösen Bezug verloren und bezeichnet jetzt nur Gewagtes und Anstößiges in Sittenlehre oder Literatur. Es tauchen jedoch zwei neue Worte auf. Dem ersten ist kein Erfolg beschieden: *aporétique* (1886) beschreibt die unschlüssige Person, die in eine Sackgasse geraten ist. Sie findet keinen Ausweg (*a-poros*: „weglos") aus einem Widerspruch, der die Existenz bzw. Nichtexistenz Gottes betrifft. Das zweite Wort, *agnostique*, aus dem Englischen übernommen (1884), hat eine glänzende Karriere vor sich. Es meint das, was unbekannt ist, mit Verweis auf den „unbekannten Gott", dessen Altar Paulus in Athen findet (Apg 17,23). Der Sinn ist jetzt jedoch ein anderer: nicht mehr unbekannt, sondern unerkennbar. Der Agnostiker bildet sich kein Urteil, weil er es für unmöglich hält, dass der Mensch ein Urteil aussprechen kann. Im Grunde ist er ein Fideist, der seine Position bis zum Äußersten treibt. Der Fideismus ist eine Theorie, der zufolge ein Mensch, den kein Beweis zu einer Entscheidung zwingt, sich aus eigenem Wollen heraus zu glauben entscheidet.[5] Wer sich in einer solchen Frage aus sich selbst heraus entscheidet, kann ebenso gut entscheiden, sich nicht zu entscheiden.

Dieser kurze historische Überblick zeigt, dass der Nichtglaube so alt ist wie die Geschichte der Menschheit. Doch die Form, die er annimmt, das Bild, das die Gläubigen sich von ihm machen, hängt von der kulturellen Umgebung ab, in der die Betreffenden leben: Wenn die Gläubigen sich als deutlich in der Überzahl einschätzen, neigen sie dazu, die Nichtgläubigen auszugrenzen.[6]

Die Ausgrenzung ist nicht nur eine Verbannung, sondern geht jenseits rationaler Beweggründe mit wertenden Beschreibungen einher, die die Gemeinschaft in Schrecken versetzen oder dazu bringen sollen, die betref-

---

[5] 1870 hat das Erste Vatikanische Konzil diese Position im zweiten Kapitel der Dogmatischen Konstitution über den katholischen Glauben *Dei Filius* verurteilt: „Wer sagt, der eine und wahre Gott, unser Schöpfer und Herr, könne nicht durch das, was gemacht ist, mit dem natürlichen Licht der menschlichen Vernunft sicher erkannt werden: der sei mit dem Anathema belegt" (DH 3026).

[6] Um das Jahr 840 herum schreibt Angelome, Mönch von Luxeuil: „[Abrahams Neffe] Lot steht für die Ketzer, die die Erde, das heißt die Kirche, nicht gleichzeitig mit dem christlichen Volk umschließt" (*Commentaire sur la Genèse*, 13, 5–12, Paris, Le Cerf, 2010, p. 144).

fenden Elemente zu entfernen. Denn der Nichtgläubige ist nicht einfach ein Mensch, mit dem man keinen Umgang hat; er darf gar nicht liebenswert sein. Um die Menschen darin zu stärken, dass sie sich vor dem Gottlosen schützen wollen, wird er in den schwärzesten Farben gemalt (der Ungläubige ist „ohne Glauben und ohne Gesetz") und zum Gegenstand von Schmähungen. In der Gesellschaft des 20. Jahrhunderts, wo die Kultur sich intellektuellen, wissenschaftlichen Werten verpflichtet fühlt, hält man in einer ersten Reaktion nach Zeugen dafür Ausschau, dass Glaube und Wissenschaft einander nicht ausschließen müssen, Zeugen, die in sich den Wissenschaftler und den Glaubenden vereinen: Pasteur zum Beispiel ging neben seiner Arbeit im Labor jeden Sonntag zur Messe. Jeder weiß, welche Vorwürfe Pater Teilhard de Chardin sich anhören musste, weil er die Grenze zwischen diesen beiden Bereichen überschritt. Der Glaube hatte in der profanen Welt nichts zu suchen – eine Haltung, wie sie sich noch in den Gründen für das Verbot der Arbeiterpriester 1954 findet.

Heraus aus der Konfrontation: Konversion

So entwickelt sich also der Nichtglaubende vom Falschgläubigen zum Gottlosen, sodann zum Freigeist und zum Agnostiker, bis er schließlich in eine Welt der Wissenschaft und der gesellschaftlichen Entwicklungen verbannt wird, die, wie es heißt, nichts mehr mit der von der Kirche verwalteten spirituellen Sphäre zu tun hat. Eine solche Feststellung bleibt jedoch unbefriedigend und enttäuschend, weil sie sich damit begnügt, eine kulturelle Entwicklung in ihrer Auswirkung auf den Glauben darzustellen, ohne dass diesem eine aktive Rolle zukommt. Das erinnert an die Art und Weise, wie viele Kunsthistoriker und Verantwortliche für historische Monumente Kunstwerke interpretieren: Die Materialien, die Techniken, die gesellschaftlichen Verhältnisse usw. sind, wie sie sind, und ergeben, übertragen auf den religiösen Bereich, das, was man sieht: ein religiöses, in seiner Zeit geschaffenes Werk. In diesem Fall kommt dem Glauben als solchem keinerlei Initiative zu, keinerlei Kreativität. Er wirkt nichts Neues, sondern „gibt Werke in Auftrag".

In einem solchen Handeln kommt die Fähigkeit des Glaubens, verändernd auf die Vorstellung von der Welt und ihren Lauf einzuwirken, nicht mehr vor. Dasselbe könnte man einer Gesellschaft bescheinigen, die nur noch um sich selbst kreist, ihre Identität mit immer neuen Gesetzen festschreibt. Dieselben verängstigten Reaktionen prägen das Leben einer

Kirche, die sich auf älteste Merkmale und kleinliche Regeln für Ritus und Moral besinnt, um sich ihrer Identität zu vergewissern. Die Haltung ist identisch: die Stirn bieten, sich um jeden Preis behaupten, statt herauszufinden suchen, was die jeweils neuen Zeiten an noch nicht Dagewesenem und Lebendigem hervorbringen. Schon die Herangehensweise des Paulus in Athen lässt sich schwerlich mit dieser Haltung vereinbaren:

„Männer von Athen, nach allem, was ich sehe, seid ihr sehr fromm. Was ihr verehrt, ohne es zu kennen, das verkünde ich euch. [...] Gott, der [...] *allen* das Leben, den Atem und alles gibt [...]; wie auch einige von *euren* Dichtern gesagt haben" (Apg 17,22–28).

Auf diese Weise nähert sich Paulus seinen Gesprächspartnern an. Er *geht hinüber*, stellt sich auf ihre Seite, so wie Christus, der zu den Menschen gekommen ist. Der Dialog ist nicht länger Konfrontation, sondern der Beginn eines gemeinsamen Weges.

Der bisherige Weg führt uns dahin, den Dialog neu zu betrachten, ihn nicht nur als Begegnung und Austausch oder als Beitrag zur Kenntnis der Geschichte, sondern auch als einen *Übergang*, eine Veränderung in den Blick zu nehmen. Das bringt erhebliche Schwierigkeiten mit sich.

Wenn wir davon ausgehen, dass kein Gesprächspartner den anderen zu vereinnahmen sucht, indem er ihn dazu verleitet, die Seiten zu wechseln (in *convaincre*, überzeugen, steckt *vaincre*, besiegen), dann wirft dennoch der anvisierte Übergang die Frage nach der Freiheit und Freimütigkeit des Austauschs auf. Beide kommen nicht von selbst: Man muss sich befreien, muss freimütig sein wollen. Es sind Haltungen der *Konversion*. Diese wird durch zwei Worte ausgedrückt.

Das erste Wort, „Umkehr", beschreibt seit Augustinus eine Kehrtwende: Der Mensch kehrt um auf seinem Weg, um sich der Wahrheit zuzuwenden. Das zeigt sich in der Taufliturgie: Wenn die Katechumenen dem Bösen widersagen, blicken sie nach Westen, in die Richtung des Sonnenuntergangs, und wenn sie den Glauben bekennen, wenden sie sich nach Osten, wo die Ostersonne aufgeht. Die Umkehr wird leiblich angezeigt durch die Bewegung der Täuflinge, Zeichen für die Verwandlung der Herzen. Eine vielsagende Geste. Aber ist sie ausreichend? Man darf es bezweifeln. Ein Beispiel: Chlodwig gab seine brutale Herrschaftsweise nicht auf, nachdem er in Reims die Taufe empfangen hatte. Seine Verwandlung zum Christen hinderte ihn nicht daran, seine Gewohnheiten beizubehalten. Genau dasselbe wirft Paulus den Korinthern vor: Trotz ihrer Bekehrung zum Christentum haben sie die für ihre Stadt typische soziale Hierarchie und Klientelwirtschaft bewahrt. Sie ließen sich in ihren kulturellen Vorstellungen nicht erschüttern. Konversion beinhaltet hier keine kritische Distanz gegenüber der herrschenden Kultur.

Ein anderes Beispiel für Konversion zeigen die Emmausjünger. Sie machen einen Hin- und Rückweg im geographischen Sinne. Sie gehen weg mit der bitteren Enttäuschung, die sie blind macht. Der, um den sie trauern, der namenlose Unbekannte, bringt sie dazu, über das Beisammensein und Mahlhalten hinaus im Miteinander-Teilen überhaupt seine neue Art der Gegenwart zu entdecken. Er geht, und seine Abwesenheit bringt sie dazu, eilends zu ihren Brüdern zurückkehren: Ihre geistige Welt hat sich verändert.

Eine solche radikale und verstörende Veränderung kommt in dem zweiten Wort zum Ausdruck, mit dem Konversion beschrieben wird. Die *Metanoia* beinhaltet eine Veränderung der Denkweise. Es ist nicht mehr derselbe Weg in umgekehrter Richtung. Die Bezugspunkte sind nicht mehr dieselben. Auf diese Weise entwickeln sich nicht nur die kulturellen Vorstellungen, sondern es verändert sich auch die Art und Weise, sich in eine Kultur einzubringen. Man sieht die Welt anders, besser gesagt: Man sieht, dass diese Welt anders möglich ist. Dann verlangt die Treue, sich (wie die Weisen aus dem Morgenland) von einem „Stern", von einer Hoffnung anziehen zu lassen, deren genauer Inhalt immer erst noch entdeckt werden muss, deren Kraft aber das Gehen antreibt und das schöpferische Handeln in Schwung bringt. Die Treue ist immer schöpferisch, andernfalls bleibt sie im Beharren stecken. Die Armut des Menschen, der sich auf diese Wanderschaft eingelassen hat, ist das Erkennungszeichen für dieses veränderte Dasein.

Der Dialog im Sinne der *Metanoia* vermeidet jeglichen Wettbewerb mit dem anderen. Diese ist weit davon entfernt, die Identität zu beinträchtigen, vielmehr stimuliert sie diese durch unerwartete Fragen, weitet sie durch neue Einsichten und richtet sie klarer auf das Licht aus, das sie anzieht. Indem sie die Gesprächspartner dazu bringt, mehr und besser sie selbst zu sein, stärkt sie ihre Treue zu ihren eigenen Überzeugungen. Wer sich auf den anderen einlässt, wird sich seiner selbst *lebendiger* bewusst.

Die Intuition des Zweiten Vatikanischen Konzils

Das Zweite Vatikanische Konzil versöhnt Apostolat und Dialog. Das *Dekret über das Laienapostolat* bittet die Laien „um die Durchdringung [...] der zeitlichen Ordnung mit dem Geist des Evangeliums" nach Art eines Sauerteigs. Dabei sollen sie sich besonders „mit der gemeinsamen geistigen Einstellung" derer befassen, an die sie sich wenden, und „Christus auch mit seinem Wort [...] verkünden, sei es den Nichtgläubigen, um sie zum Glauben zu führen, sei es den Gläubigen, um sie zu unterweisen, zu stärken und sie zu einem einsatzfreudigen Leben zu erwecken".[7] Ziel ist das apostolische Werk der Evangelisierung. Diese mag je nach Umständen implizit und diskret oder explizit und öffentlich sein, in jedem Fall ist sie „Verkündigung", was fraglos die Befugnis und Befähigung zum Dialog voraussetzt.[8] Wobei Dialog hier als eine Weise verstanden wird, auf die Menschen zuzugehen, eine respektvolle Vorgehensweise, deren Grenzen offensichtlich sind. Erstens, weil viele kommerzielle Unternehmen, politische Parteien und religiöse Gruppen auf dieselbe Weise agieren; und zweitens, weil der Dialog, auch wenn er fast absichtslos, ohne Interesse am Ergebnis zu sein scheint, einen Teil seiner Freiheit und mithin seiner Absichtslosigkeit verliert, wenn einer der beiden Gesprächspartner heimlich die Position des Lehrers bekommt, der als Wissender einem Unwissenden gegenübersteht. Das nimmt dem so verstandenen Dialog einen guten Teil seiner Glaubwürdigkeit und mithin seiner Wahrhaftigkeit: Die freie zwischenmenschliche Begegnung tritt hinter den Gegenstand des Gesprächs zurück. Der existentielle Imperativ weicht doch wieder der Absicht, ein Ziel zu erreichen. Natürlich gibt es in unserem alltäglichen Miteinander viele derartige Dialoge. Sie sollten nicht abgewertet werden, denn sie bringen mehr Menschlichkeit sowohl in die vom Nutzen regierten Beziehungen als auch in die ideellen Debatten.[9]

Das Konzil freilich geht über diese „Lebenskunst" hinaus. In den wichtigsten Texten nimmt es den Dialog als wesentlichen Bestandteil des Menschseins selbst in den Blick und verortet ihn damit auf der existentiellen Ebene:

„Da also das gesellschaftliche Leben für den Menschen nicht etwas äußerlich Hinzukommendes ist, wächst der Mensch nach allen seinen Anlagen und kann seiner Berufung entsprechen durch Begegnung mit

---

[7] *Dekret über das Laienapostolat* 2, 18 und 6.
[8] So heißt es im *Dekret über die Priesterausbildung*: „Überhaupt sollen die Eigenschaften der Alumnen ausgebildet werden, die am meisten dem Dialog mit den Menschen dienen: wie die Fähigkeit, anderen zuzuhören und im Geist der Liebe sich seelisch den verschiedenen menschlichen Situationen zu öffnen" (19).
[9] Dieser positive Aspekt spiegelt sich in folgendem Satz aus dem *Dekret über das Laienapostolat*: „Zur Wahrung guter mitmenschlicher Beziehungen sind die wahrhaft menschlichen Werte zu pflegen, vor allem die Kunst brüderlichen Zusammenlebens, der Zusammenarbeit und des Gespräches" (29).

anderen, durch gegenseitige Dienstbarkeit und durch den Dialog mit den Brüdern."[10]

Das Konzil stimmt mit der Forschung seiner Zeit darin überein, dass die Sprache „den Menschen ausmacht". Auf dieser Grundlage weitet die *Pastoralkonstitution über die Kirche in der Welt von heute* den Dialog auf alle Menschen aus: „Der Wunsch nach einem solchen Dialog, geführt einzig aus Liebe zur Wahrheit und unter Wahrung angemessener Diskretion, schließt unsererseits niemanden aus"[11], weder die Nichtglaubenden noch die Verfolger. Über die zu apostolischen Zwecken eingesetzte Vorgehensweise hinaus fordert das Konzil eine Einstellung, die den Nichtchristen gegenüber desto angemessener sein wird, je mehr sie auch die Beziehungen zwischen Christen untereinander prägt, denn die Kirche ist es sich schuldig, als „Zeichen jener Brüderlichkeit" sichtbar zu werden, „die einen aufrichtigen Dialog ermöglicht und gedeihen lässt."[12]

Diese Vorbemerkungen bereiten den Boden für einen der allerletzten Konzilstexte: die *Erklärung über die Religionsfreiheit*. Darin wird so explizit über den Dialog nachgedacht, dass sich die Mühe lohnt, den Text im Zusammenhang zu zitieren:

> „Die Wahrheit muss aber auf eine Weise gesucht werden, die der Würde der menschlichen Person und ihrer Sozialnatur[13] eigen ist, d. h. auf dem Wege der freien Forschung,[14] mit Hilfe des Lehramtes oder der Unterweisung, des Gedankenaustauschs und des Dialogs, wodurch die Menschen einander die Wahrheit, die sie gefunden haben oder gefunden zu haben glauben,[15] mitteilen, damit sie sich bei der Erforschung der Wahrheit gegenseitig zu Hilfe kommen;[16] an der einmal erkannten Wahrheit jedoch muss man mit personaler Zustimmung festhalten."[17]

Dieser Text ist ganz offensichtlich entscheidend. Schwierig ist der Übergang von der „Wahrheit, die sie gefunden haben oder gefunden zu haben glauben" zur „einmal erkannten Wahrheit". Erkannt oder anerkannt? Welche Irrtümer wurden auf dem Weg von der gefundenen zur erkannten

---

[10] *Pastoralkonstitution über die Kirche in der Welt von heute* 25.
[11] Ebd. 92.
[12] Ebd.
[13] Hier begegnet die zuvor schon ausgeführte anthropologische Dimension wieder.
[14] Was Täuschung oder Ausübung von Druck ausschließt.
[15] Die Redlichkeit dieser Differenzierung ist nicht bedeutungslos.
[16] Gegenseitigkeit gehört zum Dialog.
[17] *Erklärung über die Religionsfreiheit* 3. Diese letzte Zeile knüpft an den Beginn des zitierten Abschnitts an.

Wahrheit aufgegeben, welche Neuheiten wurden entdeckt? Wie vollzieht sich der Wechsel zwischen der Zustimmung zu den ersten Entdeckungen und der Entwicklung, ja Verwandlung, wie sie Wahrheitssuchende erleben, wenn sich die Wahrheit endlich zu erkennen gibt? Und eröffnet diese Zustimmung nicht weitere Perspektiven, die ihrerseits der Entdeckung harren? Der heilige Augustinus sprach vom Finden und vom Suchen als von zwei einander verstärkenden Bewegungen. Bei diesem „Nachforschen über das Göttliche"[18] ist die bewusste Zustimmung nicht bloß eine intellektuelle,[19] denn Gott gibt sich zu erkennen, indem er sich verhüllt. Es ist wahr: „Das Schlimmste, was den Fragen widerfahren kann, ist die Antwort."[20]

Es ist klar, dass dieser wichtige Konzilstext sich bemüht, die Notwendigkeit der Religionsfreiheit anzuerkennen, ohne die Minderheit [der Konzilsväter], die diese Notwendigkeit leugnet, vor den Kopf zu stoßen und ohne dem *Ersten Vatikanischen Konzil* zu widersprechen. Dieser Text hat seine Grenzen, aber er setzt auf die Notwendigkeit des Dialogs und verortet die Religionsfreiheit auf der anthropologischen Ebene als eines der *konstitutiven Erfordernisse* für das Menschsein. Das ist wichtig, um sich ein Bild von der heutigen Situation zu machen.

Das Konzil angesichts von Nichtglauben und Indifferenz

Tatsächlich nähert sich das Zweite Vatikanische Konzil dem Thema des Atheismus auf der anthropologischen Ebene. Es tut dies mit Blick auf die von den „Meistern des Verdachts" (Marx, Nietzsche und Freud) und vom Existentialismus beeinflussten Länder der nördlichen Hemisphäre. In zwei Texten setzt es sich mit den Positionen der Atheisten auseinander: im *Dekret über die Missionstätigkeit* der Kirche (10) und in der *Pastoralkonstitution über die Kirche in der Welt von heute* (19–21).

---

[18] Vgl. Justin der Märtyrer, *Dialog mit dem Juden Tryphon* I,3.

[19] Der heilige Augustinus schreibt: „Wenn man zweifelt, sieht man ein, dass man zweifelt; wenn man zweifelt, will man Sicherheit haben; wenn man zweifelt, denkt man; [...] wenn man zweifelt, urteilt man, dass man nicht voreilig seine Zustimmung geben dürfe" (*Fünfzehn Bücher über die Dreieinigkeit* X,10,14).

[20] Émile Ajar (Romain Gary), *L'Angoisse du roi Salomon*, Paris, Tallandier, 1979, p. 26 [dt. Übers.: *König Salomons Ängste*, Frankfurt a. M., 1980].

Dieser zuletzt genannte Text beginnt mit einem Eingeständnis: „Mit dem Wort Atheismus werden voneinander sehr verschiedene Phänomene bezeichnet." (19.2) Dann unterscheidet er folgende Gruppen:

(1) „Manche leugnen Gott ausdrücklich";

(2) „andere meinen, der Mensch könne überhaupt nichts über ihn aussagen" – der Agnostizismus;

(3) „wieder andere stellen die Frage nach Gott unter solchen methodischen Voraussetzungen, dass sie von vornherein sinnlos zu sein scheint" – eine sehr große Gruppe, die uns noch beschäftigen wird;

(4) manche denken, dass mit den Mitteln der Vernunft oder der Naturwissenschaften alles erklärbar sei;

(5) andere erkennen keine endgültige Wahrheit an;

(6) wieder andere sind „mehr interessiert an der Bejahung des Menschen als an der Leugnung Gottes";

(7) manche weisen Gott wegen der Bilder ab, die sie sich von ihm machen;

(8) manche schließlich gehören eher allgemein in die dritte Gruppe: Sie „nehmen die Frage nach Gott nicht einmal in Angriff, da sie keine Erfahrung der religiösen Unruhe zu machen scheinen und keinen Anlass sehen, warum sie sich um Religion kümmern sollten."

Diese beeindruckende Liste von Unterscheidungen lässt sich in zwei Typen von Atheismus zusammenfassen: Der eine Typ stützt sich auf menschliches, rationales oder technisches Vermögen, um die Existenz Gottes zu leugnen oder jedenfalls die Vorstellungen abzulehnen, die sich ein Mensch von ihm macht (Gruppen 1, 4, 6 und 7). Der andere Typ von Atheismus zielt auf den Agnostizismus, der es ablehnt, sich zu äußern, oder sich gar nicht für das Thema interessiert (Gruppen 2, 3, 5 und 8). Dieser zweite Typ wird uns noch beschäftigen, denn er ist mit der religiösen Indifferenz verwandt. Die *Pastoralkonstitution über die Kirche in der Welt von heute* entwirft in den Abschnitten 19–21 keine Typologie. Sie schematisiert aber die Beschreibung von vier möglichen Ursachen für den Atheismus nach jeweils drei Punkten: das Phänomen an sich, seine Auswüchse und das Milieu, in dem er gedeiht.

Da ist zunächst einmal der Atheismus, der aus dem „Protest gegen das Übel in der Welt" erwächst (19). Er verstärkt sich im Bewusstsein, dass verabsolutierte Ideale für das Antlitz Gottes gehalten werden. Ihn begünstigt eine ganz in den irdischen Wirklichkeiten gefangene Zivilisation.

Kapitel 1: Dialog im Sinne des Konzils **31**

Dann ist da der Atheismus, der aus der Sehnsucht nach menschlicher Autonomie erwächst und aus der Ablehnung jedweder Abhängigkeit von Gott. Er verstärkt sich durch den Anspruch des Menschen, „Gestalter und Schöpfer seiner eigenen Geschichte" zu sein (20). Ihn begünstigt das durch den technologischen Fortschritt hervorgerufene Machtgefühl.

Schließlich gibt es den Atheismus, der ins Herz der menschlichen Sehnsucht nach Befreiung gehört. Dieses Freiheitsstreben verstellt dem Menschen jede Sicht auf ein jenseitiges Leben. Es führt zu heftigen Angriffen auf die Religion, wo „die Anhänger dieser Lehre [...] zur staatlichen Macht kommen" (20). Das bezieht sich auf den Sozialismus der ehemaligen Ostblockstaaten und allgemein auf Diktaturen.

Zuletzt bleibt der Atheismus, dessen Ursache bei den Gläubigen selbst liegt, der zustande kommt „durch Vernachlässigung der Glaubenserziehung, durch missverständliche Darstellung der Lehre oder auch durch die Mängel ihres religiösen [...] Lebens". Gläubige können so „das wahre Antlitz Gottes eher verhüllen als offenbaren" (19).

Diese Analysen der Ursachen des Atheismus entwerfen ein Bild des Nichtglaubenden, das eher von menschlichem Machtstreben als von agnostischer Unschlüssigkeit geprägt ist. *Die dogmatische Konstitution über die Kirche* (21. November 1964) geht dem *Dekret über die Missionstätigkeit* (7. Dezember 1965) voraus. Die Auseinandersetzung mit dem Agnostizismus oder dem fehlenden Interesse an der Religion resultiert aus einer Vertiefung der Überlegungen der *Pastoralkonstitution über die Kirche*. Diese bleibt bei der These von der verführerischen Wirkung der menschlichen Macht, die sich an ihren eigenen Errungenschaften berauscht und damit begnügt.

Nach dem Konzil

50 Jahre später hat sich die Landschaft verändert. Die Menschheit steht der Wissenschaft und den Technologien mit zunehmender Skepsis gegenüber. Das Imperium des sowjetischen Sozialismus ist zusammengebrochen. Die technischen Fortschritte zeitigen katastrophale Folgen, verschärfen soziale Ungleichheiten und erschöpfen die natürlichen Ressourcen. „Noch niemals", so heißt es in der *Pastoralkonstitution über die Kirche in der Welt von heute*, „verfügte die Menschheit über so viel Reichtum" (4), und sie weiß nicht einmal, wie sie ihn nutzen soll (33). In der Zeit des Konzils galt die größte Sorge der Unterentwicklung, und dieses Problem ist bis

heute nicht gelöst. Der markanteste Unterschied besteht im kometenhaften Aufstieg der Finanzmacht, deren Blasen regelmäßig platzen. Der Neoliberalismus hat überall einen wirtschaftlichen und gesellschaftlichen Schock ausgelöst,[21] der den Reichtum in den Händen von immer weniger Personen konzentriert. Die Globalisierung ist in Beschlag genommen von diesen finanziellen Kreisläufen, die möglichst wenig reglementiert werden und extrem schnelle und oft riskante Transaktionen generieren. So kommt es, dass sich die Mehrheit der Menschen Entscheidungen unterworfen sieht, die sich ihnen entziehen, die aber über ihre Zukunft bestimmen. In den politischen Entscheidungen gibt die finanzielle Macht den Ausschlag. Da es an Zukunftsperspektiven und tragfähigen Gesellschaftsprojekten fehlt, beschränkt sich die Politik darauf, mit unzähligen Gesetzen die Einzelheiten des alltäglichen Lebens zu regeln. Das Recht ist oft unwirksam, darauf die Hoffnung zu setzen, erweist sich als Trugschluss.

Derartig schwerwiegende Ungewissheiten ziehen vor allem zwei Konsequenzen nach sich. Erstens nivelliert die Universalisierung des Finanzwesens Kulturen und Lebensstile. Je schwerer sie ins Gewicht fällt, desto drängender wird die Frage nach der Identität unterschiedlicher menschlicher Gruppen. Diese Gleichmacherei schürt identitäre Reaktionen. Infolgedessen – das ist die zweite Konsequenz – gewinnt die Furcht vor dem anderen, die Versuchung, sich ins Eigene zurückzuziehen und sich abzuschotten, an Kraft und an Einfluss. Die finanzielle Globalisierung, von der einige wenige profitieren, bringt die anderen in eine verzweifelte Situation voller Sprengkraft.

Innerhalb des Ganzen dieser Veränderungen stehen die Einzelnen unter schier unerträglichem Druck. Die Strukturen, die zwischen ihnen und dem Staat vermitteln, haben an Einfluss verloren; die Bevölkerungsmigrationen versetzen sie in Anonymität; die Arbeitslosigkeit trifft sie ohne nachvollziehbare Logik; das politische Leben spielt sich irgendwo in der Ferne ab, ohne ihren Alltag erkennbar zu beeinflussen; Entscheidungen über den Werdegang werden immer früher getroffen usw. Kurzum, die Einzelnen haben das Gefühl, dass ihnen die Welt, *ihre* Welt, entgleitet.

Das Bewusstsein, ein Individuum zu sein, das befreit ist vom Druck seines Umfelds oder von der Last der Ideen und Vorstellungen einer Mehrheit, stellt einen Fortschritt dar. Das war das Ziel der *Erklärung der*

---

[21] Vgl. Naomi Klein, *Die Schock-Strategie: Der Aufstieg des Katastrophen-Kapitalismus*, Frankfurt a. M., 2007.

Menschen- und Bürgerrechte (26. August 1789). Die Wahlkabine, wo jeder, vor Blicken und Einflussnahme geschützt, seine Stimme abgibt, ist heute das sichtbarste Zeichen für die Einlösung dieses Versprechens. Genau dieser für sich stehende Mensch ist es, dem das Marketing mit „personalisierten Angeboten" schmeichelt, um ihn tiefer im Massenkonsum versinken zu lassen. Der Individualismus, der als Vergeltung für die Ungleichheit der nationalen Stände in der Begeisterung der *Verfassunggebenden Versammlung* aus der Taufe gehoben wurde, erleidet jetzt Schiffbruch in der Werbung und versinkt in gesellschaftlicher Ohnmacht. So erklärt sich z. B., dass die meisten der in jüngerer Zeit entstandenen Vereine den erklärten Willen haben, irgendetwas zu verteidigen; so wollten etwa die größten Demonstrationen (übrigens völlig zu Recht) die Renten verteidigen. Selbstverteidigung und Selbstschutz sind die vorrangigen Ziele.

Vom Individualismus zur religiösen Indifferenz

Ist das Individuum erst einmal jeder Macht über seine eigene Geschichte beraubt, gebunden an das Unmittelbare, im Ungewissen über die Zukunft der Gesellschaft, was bleibt ihm dann außer der Last seiner eigenen Existenz? Und was wäre besser geeignet, diese Last zu erleichtern, als eine intensive Gefühlswelt? Er besitzt sonst nichts Eigenes mehr. Es entsteht eine Gesellschaft der Emotionalität, die dazu tendiert, das Gefühl zu verfälschen.

Im religiösen Bereich sucht der ziellos umherirrende Individualismus Beziehungen nach Seelenverwandtschaft in Netzwerken, in denen er „denselben" Neigungen begegnet. Auf diese Weise verschafft er sich Sicherheit in Zusammenkünften von hoher emotionaler Dichte. Generell lässt sich sagen: Die Auswirkungen dieser Situation auf religiöse Einstellungen sind erheblich. In ihren Untersuchungen betont die Soziologin Danièle Hervieu-Léger den Aspekt des „Bastelns": Das Individuum bastelt sich seine religiöse Welt aus Zugehörigkeit, Lehrsätzen und Praktiken selbst zusammen, indem es in dem ihm zur Verfügung stehenden konfessionellen Pluralismus stöbert oder auch in anderen spirituellen, esoterischen, religiösen Gedankenwelten. Dieses schöpferische Tun hat nichts mit dem im 19. Jahrhundert so genannten „Indifferentismus" zu tun, für den alle Religionen gleichwertig waren, ohne dass eine die Oberhoheit in Bezug auf die Wahrheit gehabt hätte. Im Grunde genommen liegt der gegenwärtigen Situation gar keine Theorie zugrunde, denn die Theorien sind tot, so wie die Ideologien seit dem Fall der Berliner Mauer. Besser gesagt: Die Ideologien haben ihren

Charakter als Gedankengebäude, der die gesamte Wirklichkeit ordnet, verloren. Die Systeme sind verblasst. Die Ideologien hingegen überdauern als eine Form, die Welt zu organisieren und ihre Geschäfte zu führen. Der wirtschaftliche Neoliberalismus, die Macht der Finanzmärkte und ihre Gewalt sind heute die Kräfte, die das Leben der Menschen an sich reißen. Sie dringen immer weiter vor, verdeckt unter dem Zauber der von den Mächtigen diktierten Selbstverständlichkeiten und von Lebensstilen, in denen sich das westliche Lebensmodell verbreitet. Diese Moderne ist immer eine „Postmoderne", weil sie ständig ihren eigenen Entwicklungen hinterherläuft. Es handelt sich weniger um Systeme als um verführerische Lebensweisen, die das Marktgesetz von Konsum und Bereicherung unter dem Schleier der Freiheit aufdrängt.

Dieser augenscheinliche Konformismus zieht unaufhaltsam einen Individualismus nach sich, in dem jeder, da er demselben Gesetz und demselben Druck unterworfen ist, in seiner Lebensführung mehr und mehr allein dasteht. Von oberflächlichen Anstrengungen völlig in Anspruch genommen, zerrinnt ihm die Tiefe seines Lebens zwischen den Fingern. Er greift nach anderen Vorschlägen. Dabei macht sich das Missverhältnis zwischen den Möglichkeiten, die über die Bildschirme flimmern, und der Wirklichkeit schmerzhaft bemerkbar. Immer stärker empfunden wird die Spannung zwischen der Vision einer vielfältigen Welt ohne Grenzen und dem Fehlen jeder Möglichkeit, daran teilzuhaben und ihren Kurs mitzubestimmen. Die Einzelnen haben den Eindruck, dass nichts mehr in ihrer Macht steht. So, wie die Globalisierung identitäre Verengungen nach sich zieht, setzt die wachsende Komplexität der Technologien in hohem Maß eine Leichtgläubigkeit frei, die zuweilen mit der Ausübung von Berufen einhergeht, die gerade eine hoch entwickelte wissenschaftliche Rationalität zur Voraussetzung haben.

So kommt es, dass der Individualismus wie ein Sich-Wehren gegen diese Zwänge und wie eine Flucht vor ihrer bleiernen Schwere erscheint. Er vermittelt dem Menschen letztendlich den Eindruck, nur noch da zu sein: allein vielleicht, aber existent. Dieses Anliegen wird derart stark, dass alle Formen eines dauerhaften Engagements hinter einer kurzfristigen Begeisterung zurücktreten. Indifferenz gegenüber der eigenen Umgebung hilft, Verletzungen zu vermeiden, umgibt das Subjekt mit einem Schutzwall, überlässt es aber letztlich seiner einsamen Zerbrechlichkeit durch Stress und Depression. Das Schutzbedürfnis wird dadurch umso lebhafter. Individualismus und Indifferenz verstärken sich wechselseitig. Wenn eine Gesellschaft sich von Grund auf individualistisch verfasst, weil sie am billigsten weiterkommt, wenn sie die Menschen sich selbst überlässt, dann wird die Logik des Jeder-für-Sich rasch den Sieg davontragen. Alles, was von außen kommt, stellt eine Bedrohung dar. Die Andersheit hat allenfalls in ausgewählten, vom Wechsel der Gefühle abhängigen Beziehungen etwas zu suchen.

Kapitel 2
Die Indifferenz wahrnehmen

Es ist unübersehbar, dass die Indifferenz den religiösen Bereich erobert. Mit seiner seit Jahrhunderten institutionalisierten Gemeinschaft, mit seiner Lehre und Moral für den Einzelnen, die fest etabliert sind, steht er individualistischen Bestrebungen entgegen. In dieser vom *Konzilsdekret über die Missionstätigkeit der Kirche* bereits vorhergesagten Situation stellt es sich als schwierig heraus, einen Dialog zwischen Mitgliedern christlicher Gemeinschaften und Personen anzuknüpfen, die den Individualismus für den einzig gangbaren Weg halten. Wie lassen sich die wechselseitigen Schranken durchbrechen, um den anderen zu erreichen? Selten geht es um eine kategorische Ablehnung oder eine durchdachte Gegenargumentation. Eher empfinden Menschen Befremden gegenüber einer „religiösen Unruhe" – um es in den Worten des Konzils zu sagen – und sehen keinen Anlass, warum sie sich um Religion kümmern sollten.

Das hier verwendete Vokabular finde ich interessant. Das Dekret spricht von „Unruhe" und von „kümmern". Gewiss, die fehlende Ruhe des Herzens erinnert an die Bekenntnisse des heiligen Augustinus. Wer könnte aber im Ernst davon ausgehen, dass diese Männer und Frauen, die den Religionen mit einer Haltung der Indifferenz begegnen, ohne Unruhe leben und dass nichts sie kümmert? Wer könnte sie sich wohl in ihrem Gefühlsleben als frei von Furcht und Angst vorstellen oder gar als lax in ihren Moralvorstellungen? Das hieße wirklich, sie zu verkennen, wenn sie sich einen unbekümmerten Anschein geben („Man muss halt leben und sich nicht zu viele Gedanken machen!"). Im Gegenteil: Ihre tagtägliche Sorge hält viele von ihnen so sehr gefangen, dass kein Platz für religiöse Interessen bleibt.

Angesichts dieser Indifferenz ist die Kirche mit einer Art Blindheit geschlagen. Um die Bedeutung des Phänomens zu relativieren, richtet sie ihren Blick vornehmlich auf die Zahl der sakramentalen Feiern (Taufen, Hochzeiten). Gewiss, die Begegnungen mit jenen, die dieses Angebot in Anspruch nehmen, verlaufen harmonisch und ohne Aggressivität; man kann sich gut mit ihnen unterhalten. Doch es ist wie bei den Böden, die in geringer Tiefe eine Tonschicht verbergen: Das Wasser kann nicht einsickern. Die Wurzeln faulen rasch oder vertrocknen beim ersten Sonnenstrahl. Wie kann man durch diese undurchdringliche Schicht hindurchgelangen?

Nicht benennen heißt: nicht sehen

Wahrscheinlich wäre es ratsam, die Fakten zur Kenntnis zu nehmen. In einem wichtigen Text mit dem Titel *Proposer la foi dans la société actuelle*, der von einem Autorenteam um Bischof Dagens 1994 verfasst worden ist, wurde das ursprüngliche Projekt in bedeutsamer Weise beschnitten. Anfangs war nämlich darum gebeten worden, sich mit der religiösen Indifferenz zu befassen. Dieses Thema wurde jedoch von der Bischofsversammlung abgelehnt, hauptsächlich aus zwei Gründen.

Zum einen waren es die großen Teilnehmerzahlen bei gemeinsamen Veranstaltungen, Treffen oder Wallfahrten, die die Bischöfe als Beleg dafür sahen, dass die Religion nach wie vor Anklang fand; daher hielten sie es für übertrieben, von Indifferenz zu sprechen. Dabei vergaßen sie, dass Indifferenz und gelegentliche Teilnahme Hand in Hand gehen können.

Zum anderen war es die Untauglichkeit des Wortes *indifférence*. Gewiss, bei diesem Begriff ist Vorsicht geboten. Im 14. Jahrhundert tritt er das erste Mal auf und steht für eine Haltung, die weder der einen noch der anderen Seite zuneigt. Er war gleichbedeutend mit Unparteilichkeit, meinte dann auch Gleichmut und schließlich Neutralität und Desinteresse. Das *Zweite Vatikanische Konzil* hatte von fehlender Sensibilität gesprochen. Doch welchen anderen Begriff sollte man verwenden? „Trägheit"? Bisweilen vielleicht, aber nicht notwendigerweise. „Unbekümmertheit"? Zu voreilig gesagt. „Mangelnde Sensibilität"? Nicht unbedingt. „Neutralität"? Nicht immer, denn zuweilen wird eine Aufmerksamkeit geweckt, die aber nicht weit genug zum Kern des Lebens vordringt, um wirklich etwas zu verändern. Und genau das ist der Punkt: Wo Indifferenz herrscht, ist Umkehr (*Metanoia*) undenkbar. Bleiben wir also bei dem Begriff, trotz seiner Grenzen, die wir nicht übersehen wollen.

Die nicht genannte und so nicht wahrgenommene Indifferenz verschwand jedenfalls aus dem von der Bischofskonferenz verabschiedeten und veröffentlichten Text, ohne in der Debatte noch einmal aufzutauchen. Deswegen hat sie aber nicht aufgehört zu existieren und sich auszubreiten. Gern wird die religiöse Unwissenheit beklagt, und tatsächlich trägt die für Frankreich typische Schwierigkeit, religiöse Bildung in den schulischen Lehrplänen zu verankern, zu dieser Unwissenheit bei. Die Laizität [*à la française*] offenbart sich hier als eine von Verbitterung und Ängsten geprägte Mentalität. Die Indifferenz geht daraus gestärkt hervor. Sie ist sogar zu Misstrauen geworden: nicht in erster Linie aufgrund der moralischen Verfehlungen mancher Kleriker, sondern weil die monotheistischen

Religionen der Intoleranz verdächtigt werden – wegen ihres Expansionsstrebens und ihres Anspruchs, dem Einzelnen ethische Verhaltensmaßregeln in Fragen aufzuerlegen, die für viele Menschen heute in den Bereich individueller Gewissensentscheidungen gehören. Das wird als Hausfriedensbruch empfunden. All diese Vorbehalte gehen aber durchaus zusammen mit freundschaftlichen Beziehungen zu diesem oder jenem Gläubigen, der als tolerant und sympathisch wahrgenommen wird.

Der heikelste Punkt besteht genau in diesem scheinbaren Widerspruch zwischen einer generellen Indifferenz und zuweilen herzlichen Berührungspunkten mit Gläubigen. Freundschaft gehört in die Privatsphäre der Gefühle. Zuweilen dient sie auch als Schutzschirm: Jeder soll denken, was er will, und unter Freunden wird man nicht über religiöse Fragen streiten! Die Freundschaft zum Vorwand zu nehmen, um eingehender über seinen Glauben zu sprechen, würde als Missbrauch, ja als unzulässige Grenzüberschreitung angesehen werden. So etwas tut man einem Freund nicht an!

Was wird unter solchen Umständen aus dem Dialog? Reden heißt nicht nur, sich auszusetzen. Reden heißt zuweilen auch, Worte vorzubringen, um andere Worte nicht aussprechen zu müssen. Um das eigentliche Thema nicht anschneiden zu müssen, liefert man sich ein Scharmützel. Der Austausch hat festgelegte Grenzen und aufgebaute Schutzwälle, sogar innerhalb einer Paarbeziehung. Wir leben nicht mehr in der Zeit des Konzils. Der rebellische oder selbstsichere Atheist hat einem Menschen Platz gemacht, der eher unsicher ist und nach Anerkennung verlangt. Es sind nicht mehr große geistige Strömungen, die unsere Gesellschaft prägen. Sie sind die Ausnahme geworden und rufen dieselben Vorbehalte hervor wie die Religionen. Heute herrscht vielmehr eine völlig unübersichtliche Vielfalt von Positionen und Überzeugungen. Der Individualismus zerbröselt die Gesellschaft, er schafft sie nicht ab. Jeder sucht im sozialen Leben Schutz, Rechtssicherheit und einen Minimalkonsens über das, was akzeptiert und abgelehnt wird. Daher erklärt sich das Gewicht der öffentlichen Meinung (und die Macht derer, die sie beherrschen). Sie entrüstet sich über die einen Skandale (politische, finanzielle, moralische) und übergeht andere (den Waffenhandel, den Hunger in der Welt usw.). Sie weckt immer neu kurzfristige Begeisterung und verteidigt ihre Rechte. Hier herrschen Interessen und nicht etwa Indifferenz.

Was eine individualistisch geprägte Gesellschaft zurückweist, sind ihr auferlegte absolute Werte, zu denen sie ihre Meinung nicht abgeben kann, universale Erklärungen ohne Berücksichtigung historischer Bedingtheiten. Stattdessen unterstreichen unzählige Ausnahmeregelungen das Gewicht des

Rechts. Diese Gesellschaft glaubt nicht mehr an Allgemeingültiges, das vom Himmel fällt. Nicht, dass sie sich dagegen auflehnen würde: Sie interessiert sich einfach nicht dafür. Denn es übersteigt die Kräfte eines einzelnen Menschen, sich mit Werten abzugeben, die im argumentierenden Gespräch, in Begegnungen und Debatten gewonnen werden. Zumal, wenn dieser Einzelne sich nicht als Teil einer Institution sieht, von der er sich vertreten fühlt. Der Individualismus ermüdet. Nur noch Mittelmaß kann ertragen werden, Höchstleistungen und Rekorde werden den Sportübertragungen im Fernsehen überlassen.

Eine religiöse Last – zu schwer für einen allein

Die Indifferenz zeigt sich als eine Abwesenheit von Religion. Das mag ein erster Eindruck sein, aber er ist vorschnell, und zwar aus zwei Gründen. Der erste ist, dass eine solche Abwesenheit, die am Fehlen einer regelmäßigen religiösen Praxis und klarer Überzeugungen festgemacht wird, gelegentlich mit religiösen Äußerungen einhergehen kann, etwa anlässlich einer Familienfeier oder der Beisetzung eines Verwandten (der zu Lebzeiten womöglich nie eine Kirche von innen gesehen hat). Der zweite Grund reicht tiefer. Vor etwas mehr als einem Jahrhundert waren die kollektiven Zugehörigkeiten klar definiert: Auf dem Land lebte man im selben Dorf; in der Stadt im selben Viertel; die anderen blieben Fremde. Innerhalb dieser Zugehörigkeit gab es auf der einen Seite die Parteigänger des laizistischen Schullehrers und auf der anderen die Gefolgsleute des Pfarrers. Heute sind die Bezugsgrößen sehr variabel: Die Jugendlichen sind fort, neue Bewohner sind zugezogen; die Grenzen zwischen den Schul- und Gemeindegruppen sind fließend. Die religiösen Bezüge sind nicht nur pluralistisch, sie schwanken auch zwischen verschiedenen Ausdrucksformen, die sich manchmal vermischen und oft verflüchtigen. Jetzt beruht die Zugehörigkeit auf einer eigenen Entscheidung oder einer prägenden Begegnung. Um dazuzugehören, genügt es nicht, irgendwo zu wohnen und dies als Identitätsgrundlage geltend zu machen. Die Zugehörigkeit ist aufwändig geworden, zu anspruchsvoll, zu verpflichtend. Also zieht sich das Individuum zurück und verschanzt sich hinter der Indifferenz.

Versetzungen, Umzüge, Fernsehübertragungen, das alles kann durchaus den Eindruck erwecken, die Welt sei ein Dorf. Das gibt uns ein befriedigendes Gefühl von Freiheit und zuweilen auch von Abenteuer. Doch ein so hohes Maß an Beweglichkeit erzeugt auch Verletzbarkeit. Überall hinzugehen und nirgends zu Hause zu sein, ist am Ende nur schwer auszuhalten. Viele von denen, die ihre Heimat verlassen mussten, setzen alles daran, bald ein Haus zu kaufen, um „anzukommen" und „Wurzeln zu schlagen". Die Verletzlichkeit wird noch größer, wenn Arbeit, Verantwortung und Verdienst die negativen Folgen der Entwurzelung nicht länger zu kompensieren vermögen. Anderswo engagiert man sich nicht; hier muss man etwas tun, um akzeptiert zu werden. Oft täuscht man Indifferenz vor, um die Mobilität zu ertragen, außer in denjenigen Berufsgruppen, die von jeher mit großer Mobilität verbunden sind.

Bei dem sich selbst überlassenen Individuum entwickelt sich ein wachsendes Gefühl der Unsicherheit. Allein im Kreis der anderen empfindet es genau wie sie eine eventuelle freie Wahl als Bürde und zuweilen als Zumutung. Also reagiert es mit Argwohn, zieht sich zurück und wird dadurch noch einsamer. Es gilt, die Widersprüchlichkeit zu begreifen, die sich seiner bemächtigt: Weil es frei ist, fordert das Individuum seine Wahlmöglichkeit ein, von der es aber keinen Gebrauch macht, weil es verletzlich ist. Ihm wird bewusst, dass es nicht tut, was es tun könnte und vielleicht tun sollte. Um diese mangelnde Entschlossenheit zu rechtfertigen, sucht es nach Ausflüchten, wobei ihm die mangelnde Zeit das perfekte Alibi liefert.

Die eher erlittene als gewählte Mobilität verschärft teilweise das Schwanken der Überzeugungen. In diesem Zusammenhang ist die „Müdigkeit, man selbst zu sein", die der Psychiater Alain Ehrenberg beschreibt,[1] stärker als der Rausch der Freiheit. Menschen entwickeln sich, aber ohne sich an Überzeugungen festzumachen. Das ist ihnen bewusst, und sie finden sich damit ab. Die Indifferenz erwächst aus diesem Widerspruch, den jeder bewältigt und ausräumt, so gut er eben kann. Sie bildet den existentiellen Bodensatz eines Lebens, das sich der Verantwortung entzieht, sobald das Bewusstsein, keine Wahl zu haben, beherrschend wird. Am Ende bekommt die religiöse Frage ein erdrückendes Gewicht.

---

[1] Anm. d. Übers.: Rouet bezieht sich auf das Buch von Alain Ehrenberg (1950): „Das erschöpfte Selbst" (Originaltitel: *La Fatigue d'être soi – dépression et société* [wörtlich: Die Müdigkeit, man selbst zu sein – Depression und Gesellschaft], Paris 1998; dt. 2004).

Andere Wege suchen

Von den vielen Menschen, die „müde [sind] und erschöpft wie Schafe, die keinen Hirten haben" (Mt 9,36), lässt sich Jesus anrühren; denn er erkennt ihre Zerstreuung. Die Menge hat keinen Zusammenhalt mehr. Jesus führt sie neu zusammen. Vor der Brotvermehrung, so das Markusevangelium, befiehlt er, dass die Menschen sich in Mahlgemeinschaften lagern sollen – und tatsächlich: „Sie ließen sich in Gruppen zu hundert und zu fünfzig nieder." (Mk 6,40) Er führt sie nicht als Menge zusammen, das hätte die Verwirrung nur vergrößert. Er bildet Gruppen von menschlichen Maßen. Das erleichtert nicht nur den Dienst, den er ihnen erweisen will, sondern auch die Beziehungen unter ihnen. Jesus gibt ihnen ihre menschliche Verbundenheit zurück. Das ist der entscheidende Punkt: Während der in der Pastoralkonstitution beschriebene Atheismus Menschen betraf, die in ihren Entscheidungen gefestigt sind, ist die Indifferenz nicht in erster Linie eine Weise, sich zur Religion zu verhalten, sondern charakterisiert ein verletztes und am Boden liegendes Menschsein – Folge einer Gesellschaft, die Mitglieder in herabsetzender Ungleichheit hält. Mithin muss die Indifferenz als *Folge* betrachtet werden und nicht als Ursprung eigener Forderungen. Die Indifferenz als eine Folge zu sehen, deren Ursachen außerhalb der Personen liegen, heißt zuzugeben, dass man ihr nicht mit einem Diskurs über die notwendigen gesellschaftlichen Veränderungen begegnen kann. Dieser würde das Gefühl der Ohnmacht bei den Einzelnen nur vergrößern. Wahrscheinlich ist genau dies die Strategie des *Front National*: auf diese Schwäche zu spekulieren, indem man dem Einzelnen Lösungen vorgaukelt, die in Reichweite liegen, und indem man auf die Stigmatisierung als Opfer setzt.

Was sich auch immer über diese politische Wahrnehmung sagen lässt, fest steht, dass für den Dialog auf religiösem Gebiet andere Akzente gelten sollten. Zwei Grundhaltungen scheinen hier unverzichtbar: die Bescheidenheit, sich auf den Einzelnen zu konzentrieren, und die Brüchigkeit einer menschlichen Existenz in Rechnung zu stellen.

Zunächst also gilt: nicht über Gruppen menschlichen Zuschnitts hinausgehen. Je mehr jemand glaubt, dass er in den Augen der anderen gar nicht existiert, desto mehr wird es ihn vielleicht trösten, sich als Teil einer großen Gruppe zu wissen, desto weniger jedoch wird er Gelegenheit bekommen, sich selbst zu äußern. Im Gleichklang mitzuschwingen, vereint einen mit der Masse. Die großen Gruppen bestärken den Einzelnen in seinem Gefühl, nicht für sich allein existieren zu können. Für die Veranstalter der Treffen sind hohe Teilnehmerzahlen befriedigend, doch eine Garantie dafür, dass sich in Zukunft etwas ändert, sind sie nicht. Wer unter diesen Umständen mit der Indifferenz in Berührung kommt, kann in kein Gespräch eintreten, denn ein vermeintlich im Namen aller gesprochenes Wort übertönt das, was der Einzelne womöglich zu sagen hätte. Ganz anders die Art und Weise, wie die drei Wanderer auf der Straße nach Emmaus unterwegs sind und dabei im Gespräch gemeinsam die heiligen Schriften durchgehen.

In der von Indifferenz bestimmten Situation gibt es keine allgemein bekannte heilige Schrift, die den Weg erhellen würde. Mag sein, dass hier und da noch Bruchstücke der Heilsgeschichte erinnert werden (Evas Apfel, die andere Wange, die man hinhalten soll ...), ihre Erinnerung versperrt den Weg jedoch eher, als dass sie ihn erhellt. Auf der anderen Seite wäre es falsch, bei dieser negativen Feststellung stehenzubleiben. Die persönliche Geschichte der Einzelnen, die so oft uninteressant und unbedeutend zu sein scheint, enthält gleichwohl eine Vielzahl an einzelnen, kostbaren Elementen (eine Liebe, die Geburt eines Kindes usw.). Das echte Bewusstsein seiner selbst hängt an diesen Ereignissen. Sie drücken aus, was ein Leben an Einzigartigem besitzt.

Gleichzeitig schreiben Schwäche, Leid und Unzufriedenheit eine individuelle Geschichte, die davon erzählt, nicht verstanden oder gedemütigt oder in der Entfaltung der eigenen Fähigkeiten gehindert worden zu sein; eine Geschichte von unerfüllten, weil zu hoch gesteckten Erwartungen oder von der Armseligkeit des Lebens. Das Leiden mit seinen Enttäuschungen und seinen Verletzungen führt zu verstärkten Schutzmaßnahmen. Die anderen, denkt man, machen ja dieselben Erfahrungen: Wie sollten sie uns da aus unserem Leid heraushelfen können? Jede Begegnung stößt sich an diesem inneren Aufruhr. Hier zeigt sich der Individualismus als alles entwertend, und der Einzelne sehnt sich nach nichts so sehr wie danach, in Ruhe gelassen zu werden. Die Ansprüche der Allgemeinheit gehen ihm auf die Nerven und ermüden ihn. Nichts bleibt als die Freuden einiger glücklicher Tage im privaten Leben.

Die Geschichte eines Lebens mit seinen unscheinbaren Ereignissen zeichnet den einzigen und eben deshalb kostbaren Weg auf, den es einzuschlagen gilt. Er führt auf die Straße nach Emmaus, das heißt in die Wirklichkeit des Aufbruchs, der ein Weitergehen ermöglicht. Sich auf den Weg zu machen, heißt in einem ersten Schritt, mit großer Geduld dem persönlichen Wert dieser einzelnen Existenz auf die Spur zu kommen. Diese positive Lesart verlangt zu akzeptieren, was der andere von sich preisgibt, so wenig es auch sein mag: eine Freude, eine Anekdote, ein Scheitern, eine Hoffnung usw. Wie die Emmausjünger, die dem ahnungslosen Unbekannten erzählen, „was in diesen Tagen dort geschehen ist" (Lk 24,18).

Erinnerungsarbeit

Der Individualismus führt dazu, einen Schutzschirm zu errichten. Er verbirgt und macht umso kostbarer, was der einzelnen Person widerfährt. Nur diese weiß nicht, wem sie sich anvertrauen soll. Sie braucht *Orte der Glaubwürdigkeit* im doppelten Sinne: Begegnungen, wo andere dem, was diese Person ihnen anvertraut, Bedeutung beimessen, und Begegnungen, bei denen sie selbst es schafft zu glauben, dass sie wirklich gehört wurde. Junge Menschen würdigen diese Glaubwürdigkeit, wenn sie zum Schulseelsorger kommen und als ersten Grund angeben: „Hier können wir wenigstens von dem sprechen, was unser Leben ist." Oder die jungen Paare, die so eifrig an den Ehevorbereitungsgesprächen teilnehmen: „Das ist der einzige Ort, an dem jemand Aufmerksamkeit dafür hat, was unser Leben ist."

Diese Orte der Glaubwürdigkeit gründen sich ganz klar auf Vertrauen. Vertrauen aber lässt sich nicht verordnen. Offenheit ist schon ein guter Anfang. Dann heißt es: da sein, ansprechbar sein, lange Zeit zuhören, ohne zu urteilen oder vorschnelle Antworten zu geben, und bei Fragen herauszufinden suchen, was hinter ihnen steckt. Unermüdliche Geduld braucht es da. Nur dieses Vertrauen wird die am meisten verborgenen Worte hochkommen lassen, in Freiheit. Nur dieses Vertrauen öffnet eine Tür in einem sich einmauernden Individualismus. Als Jerusalem allein einem feindlichen Bündnis gegenüberstand wie eine isolierte Insel in einem Meer von Gewalt, hebt Jesaja die Stärke der Mauern hervor, die die Stadt einschließen: „Wir haben eine starke Stadt." Und dann ruft er: „Öffnet die Tore" (Jes 26,1–4). Diese Kühnheit beruht auf dem Vertrauen in Gott. Der andere öffnet den sichersten Weg, um zu sich selbst vorzudringen.

Einzelne Bruchstücke können sich als fruchtbar erweisen, um das eigene Leben *in eine Erzählung zu bringen*. Nicht etwa, um künstlich eine Geschichte zu konstruieren, sondern um zu versuchen, dem Faden seiner Existenz zu folgen und ihren Sinn neu zu fassen[2]. Das Unbedeutende der

---

[2] Das ist es, unter anderem, was Marcel Proust entdeckt, als er *Auf der Suche nach der verlorenen Zeit* schreibt.

Bruchstücke schwindet, wenn diese durch die Kontinuitäten und Brüche eines Lebens hindurch miteinander verbunden werden. Auch in einem kurzen Kontakt erzeugt die Erzählung eine Achse der Existenz, die, wenn man sie einem anderen anvertraut, Stimmigkeit und Bedeutung gewinnt. Wer seine kleine Geschichte erzählt, begreift, dass sie einzig ist, weil ein anderer sie aufmerksam anhört und ihr Wert beimisst. Dann weiß die Person, dass sie für andere zählt aufgrund dessen, was sie gelebt hat. Anderen anzuvertrauen, was sie in sich trägt, hilft ihr, in ihren eigenen Augen zu existieren. Dass sie existiert, wusste sie natürlich, aber belastet durch die Ungewissheit der Einsamkeit. Jetzt entdeckt sie, dass andere nicht unempfindlich ihr gegenüber sind.

Wenn uns jemand von großem Leid erzählt, gibt es nichts zu sagen, als es mit der Demut eines Menschen aufzunehmen, der auf solches Vertrauen kein Recht hat, sondern nur frei empfangen kann, was ihm oder ihr anvertraut wird. Frei empfangen, das heißt, ohne dem Erzählten gleich mit Ratschlägen oder gar moralisierend zu begegnen. Zunächst gilt es zu warten, dass die Wunden vernarben und ein Minimum an Selbstakzeptanz entsteht.

Erinnerungsarbeit erschließt einen Weg

Das neuerliche Lesen des eigenen Lebens lässt eine Person das, was ihr in Freude oder in Leid widerfahren ist, mit neuen Ohren hören. Die Erinnerung daran festigt ihr Bewusstsein von sich selber. Die Wurzeln der Erinnerung nähren die Hoffnung auf eine Zukunft, weil sie durch die Mauern des Schweigens hindurchgehen. In der Erinnerungsarbeit erhält das Erlebte, wenn es erneut ausgesprochen wird, auch eine neue Bedeutung. Es ist bekannt; es jedoch noch einmal zu „lesen", zwingt einen dazu, das Echo der Ereignisse in sich selber noch einmal zu vernehmen und zu bewerten. Solcherart schafft die Erinnerungsarbeit neue Verbindungen, sie schreibt gewissermaßen eine neue Geschichte, getragen und zusammengehalten von dem Band, das zwischen dem, der spricht, und dem, der zuhört, entsteht. Im Herzen der Person herrscht nicht länger neutrale Indifferenz, sondern neue Aufmerksamkeit. Die Hoffnung ist die Tochter der Erinnerung.

Diese Bemerkungen über die Erinnerungsarbeit könnten leicht nur als psychologische Empathie gesehen werden. Das Wortergreifen und Zuhören Dritter bleibt tatsächlich oft auf diesem Niveau. Die Arbeit am Sich-Erinnern und daran, das Leben Erzählung werden zu lassen, zielt jedoch weit darüber hinaus. Die Bibel bietet dafür ein starkes Beispiel. Die biblische Botschaft geht nicht aus der schlichten Aneinanderreihung von Ereignissen der Geschichte der Hebräer hervor. Vielmehr ist es die wiederholte Erinnerung und das In-Beziehung-Setzen der Ereignisse angesichts der Frage nach dem Handeln Gottes, die eine einzigartige Geschichte entstehen lassen. Erst durch seine Erwählung als unter allen Nationen ausgesondertes und aufgrund dessen einziges Volk wurde sich Israel der Heiligkeit seines Gottes bewusst. Es kannte die Äußerungen des Sakralen und die verlockenden Kulte der benachbarten Religionen: Damit hatte es seine Erfahrungen gemacht. Gott aber offenbart sich als der Heilige, das heißt der Andere, der Gesonderte, der *Differente*. Während das Sakrale das Profane ausgrenzt, unterscheidet die Heiligkeit, um zu binden. Die Differenz ermöglicht den Bund. Dies entdeckt Abraham, als er den „Bund schneidet" (Gen 1,5), das heißt, als er die Opfertiere vierteilt und Gott auf diese Weise einen Weg bahnt. Ein Bund wird nämlich zwischen den Partnern „geschnitten"³, damit es keine Verwechslungen gibt. Er unterscheidet sie, aber mit dem Ziel, sie zu einen, um sie eben in ihrer Differenz in Beziehung zu bringen; denn er merzt ihre Besonderheiten nicht aus. Im Gegenteil: Er macht sie stark, indem er sie verbindet, ohne sie zu vermischen. Jede Person wird zu dieser einen Person, die einzig ist. Der einzige Gott offenbart sich in demselben Augenblick, da das Bewusstsein entsteht, ein besonderes Volk zu sein: kein Volk „unter den anderen", sondern „anders als die anderen".

Während das Sakrale in seiner Kraft unbestimmt und in seinen Erscheinungsformen (Gewitter, Quelle, Baum usw.) vielfältig ist und insofern dem sozialen Individualismus in seiner Einförmigkeit und Vereinzelung ähnelt, versetzt die Heiligkeit in die Gegenwart der Einzigkeit des Bundesgottes. Derart wechselseitig ist diese Verbindung.

Das Einzigsein des Einzelnen ist das Gegenteil des Individualismus. Während sich dieser damit begnügt, zerstreute Inseln zu isolieren, befähigt

---

³ Anm. d. Übers.: Albert Rouet bezieht sich auf die wörtliche Übersetzung aus dem Hebräischen: „*karat berit*//den Bund schneiden". „Das üblicherweise mit Bund übersetzte hebräische Nomen ברית berīt ist etymologisch wahrscheinlich von akkadisch bīritū, Band, Fessel abgeleitet. Andere Übersetzungsmöglichkeiten wären Bündnis, Abmachung, Verpflichtung. Ein berit (Bund) wird durch einen Akt der Zerteilung geschlossen, deshalb die hebräische Wendung: einen ‚Bund schneiden' (karat berit) [vgl. Gen 15,18]. Vermutlich geht dies auf einen alten Ritus zurück, der zu Abrahams Zeit Rechtsverträge zwischen Nationen bekräftigte. Wahrscheinlich geht das heute noch gebräuchliche Zerschneiden eines Bandes zur Einweihung einer Brücke oder einer Straße auf diesen Brauch zurück." https://de.wikipedia.org/wiki/Bund_(Bibel) (abgerufen: 14.08.2021).

das Einzigsein dazu, in Beziehung zu treten. Die Erinnerungsarbeit führt zur Entdeckung des Einzigseins und zur Zustimmung dazu.

Die Bibel offenbart, dass der Einzige, der der Heilige ist, zugleich derjenige ist, der sich gibt. In der Apostelgeschichte verkündet Petrus „den Heiligen und [...] Urheber des Lebens", den „ihr getötet" habt (Apg 3,14–15). Der Einzige kennt keine Konkurrenz: nicht, weil er isoliert wäre, sondern dank der Freigebigkeit als Quelle von allem. Sich nicht für sich zu bewahren, definiert die Existenz; das belegt die Wurzel des Wortes „existieren": *ex-sistere*, wörtlich „außerhalb sein", das heißt, aus sich herausgehen.

Die Erinnerungsarbeit führt dazu anzuerkennen, dass die *Schwäche* zum Menschsein gehört. Jeder Mensch hat ein Recht darauf, ohne Scham und ohne Bedauern. Daher ist es wichtig zu verstehen, weshalb der Auferstandene sich nicht im blendenden Glanz eines wiederhergestellten Leibes zeigt, sondern verschwiegen, inkognito und mit offenen Wunden. Darin liegt ein unermessliches Erbarmen. Durch die Wunden dringt der göttliche Atem in die Risse ein, die durch jeden Menschen hindurchgehen. Das in diesen einzelnen verwundeten Menschen gesetzte Vertrauen steht dem Machtwillen dieser Welt entgegen und ist mit jenen solidarisch, die daran zugrunde gehen (vgl. 1 Kor 1,28). Diese Schwäche schafft den inneren Raum, in dem jemand sich entfalten und bei sich sein kann. Wenn der Dialog diese Wahrhaftigkeit erreicht, begründet er jenen Austausch, der den Boden bereitet, um, so Gott will, das Wort des Glaubens darin auszusäen. Auch wenn der Dialog diesen Punkt nicht erreicht, so ist es doch in sich wertvoll, einem Menschen geholfen zu haben, sich wieder aufzurichten.

Die Art und Weise, wie die Indifferenz mit ihren verschiedenen Spielarten und vielfältigen Erscheinungsformen das Leben der Menschen prägt, führt uns zu der Frage nach den *verschiedenen Graden der Kirchenzugehörigkeit*. Dabei geht es nicht darum, dass die Taufe einen Menschen zu einem Glied des Leibes Christi macht, sondern um die unterschiedlichen Modalitäten dieser Eingliederung. Im Blick auf den Atheismus kann man sagen, dass die Situation sich als Entweder–Oder darstellt: Entweder ist man gläubig oder nicht. Das war die Logik der Scholastik gegenüber anderen Religionen. Trotz der erforderlichen Nuancen im Zusammenhang des Nichtglaubens bleibt die Denkwelt beherrscht von klar trennenden Vorstellungen, die ein Draußen gegen ein Drinnen abgrenzen: das Schiff (man ist entweder auf dem Schiff oder im Wasser), die Festung (im Schutz der Mauern oder außerhalb), die Armee (Freund oder Feind) usw. Dieser Dualismus ist zu einfach. Der Evangelist Lukas (9,49–50) erzählt die Episode, in der der Apostel Johannes einen Unbekannten hindern will, im Namen Jesu Dämonen auszutreiben, „weil er nicht mit uns zusammen nachfolgt". Auf diesen religiösen Besitzanspruch antwortet Jesus: „Hindert ihn nicht! Denn wer nicht gegen euch ist, der ist für euch." Damit zeigt er sich, mit einem Wort des Petrus in Cäsarea, als „der Herr aller" (Apg 10,36).

Die religiöse Indifferenz zwingt uns, unser Urteil über die möglichen Arten einer Beziehung zur Kirche zu revidieren. Die Mobilität, die verschiedenen Netzwerke, die Zugehörigkeiten zu Gelegenheitsgruppen usw. erschüttern die Stabilität, an die die Kirchenverantwortlichen gewöhnt waren. Viele unserer Zeitgenossen haben einen allenfalls flüchtigen Kontakt zur Kirche. Ihre punktuellen Begegnungen verbergen nicht selten eine tiefere und kontinuierlichere Anhänglichkeit, als es von außen den Anschein hat. Diese verlangt ausdrücklich, dass jeder Kontakt von einem Maximum an Wahrheit und Respekt erfüllt ist, als hinge alles von diesem einen Mal ab. Nicht um bei einer einzigen Gelegenheit alles sagen zu wollen, sondern um eine lebenswichtige Bindung herzustellen wie bei jener kranken Frau, von der das Markusevangelium erzählt (Mk 5,27): Sie berührt nur sein Gewand, und Jesus gibt sich ihr ganz und gar. Wie viele Menschen hat er selber nur ein einziges Mal und flüchtig getroffen? Diese einmalige Begegnung hat ihr Leben völlig verwandelt. Die Pastoral, wie wir sie kennen, arbeitet auf lange Sicht, das heißt, sie stützt sich auf Kontinuität. Doch die Tatsache der Indifferenz zwingt uns zu glauben, dass bei jeder Begegnung das Wesentliche, das Einzigsein einer Person auf dem Spiel steht. Die Macht dieser Begegnung ist fruchtbarer als die ausführlichste Darstellung eines Inhalts durch Worte.

Die Situation der religiösen Indifferenz erfordert also eine neue pastorale Einstellung, vielleicht weniger institutionell, aber in stärkerem Maß der Sorge eines jeden Gläubigen anvertraut. Sie setzt voraus, dass die Institution ihren Mitgliedern zu vertrauen beginnt, um deren Kontakten und Initiativen den nötigen Raum zu geben.

Kapitel 3
Das Begehren befreien

Die Indifferenz wirft zunächst das Problem der *Glaubwürdigkeit* der Menschen auf, die ihren Glauben bekennen. Dabei geht es nicht in erster Linie um die Entscheidung, was auf Anhieb denkbar ist und was nicht. Wenn ich im 13. Jahrhundert behauptet hätte, ein Einhorn gesehen zu haben, hätte man mir geglaubt. In der damaligen Zeit war dieses Tier kein Fabelwesen, kein Mythos, sondern eine Realität von hoher Bedeutung. Heute ist klar, dass dieses Tier nicht existiert; die Wahrscheinlichkeit, ihm zu begegnen, liegt bei Null, und jemand, der behaupten würde, es gesehen zu haben, würde als Phantast gelten. Einer wissenschaftlich bewiesenen Tatsache lässt sich nicht widersprechen. Ein solcher Widerspruch wäre unglaubwürdig.

Diese Einstellung hält sich an das, was die Wissenschaft als sicher definiert und beweist, und beschränkt damit alles Sprechen und Schreiben über eine Realität auf jenen engen Raum, den das rationale Denken kontrolliert. Diese Haltung lässt das riesige Gebiet daneben, das Gebiet des Unbekannten, des Hypothetischen und sogar des Wahrscheinlichen außer Acht. Sie vergisst die nicht immer gesicherten, die unbestimmten oder ungewissen Annäherungen zwischen den in ihren jeweiligen Bereichen etablierten Wissenschaftszweigen. Damit ermöglicht sie gewagte Verbindungen zwischen einander fremden Disziplinen wie Astronomie und Psychologie oder Physik und Ökologie. So öffnet sich neben und zwischen den Wissenschaften ein Raum der *Leichtgläubigkeit*. Das kalifornische Silicon Valley zum Beispiel ist der Ort mit der weltweit größten Dichte an Informatikern – und Kartenleserinnen! Auf der einen Seite das vollendete Modell einer auf Berechnungen und abstrakte Gleichungen gestützten Rationalität; und auf der anderen Seite ein blindes Vertrauen in die Vorhersagen von Wahrsagerinnen! Die zeitgenössische Kultur lässt bereitwillig zu, dass auf diese Weise eine Hyperrationalität – nach dem Bild dieser Softwareprogramme, die automatisch Finanztransaktionen mit zuweilen katastrophalen Konsequenzen auslösen – mit einer Sphäre koexistiert, in der höchst irrationale Theorien und Diskurse wuchern und einer hemmungslosen Leichtgläubigkeit Tür und Tor öffnen. Ohne Schwierigkeit vertragen sich massive (und von der zeitgenössischen Kultur bereitwillig tolerierte) Vorbehalte gegen das verfügbare Glaubwürdige mit einer völlig kritiklosen Sicht auf alles, was aus dem Dunstkreis der Wissenschaften stammt und problemlos für glaubwürdig gehalten wird. Es ist die Zeit des *para*-, des „neben": *para*-medizinisch, *para*-wissenschaftlich, *para*-psychologisch usw. In einem solchen Kontext wird ein Glaubensbekenntnis rasch in die nebulöse Galaxie nicht überprüfbarer Hypothesen verbannt. In diesem Kontext ist das Misstrauen der Indifferenz verständlich.

Was zumutbar ist

Ein weiterer Bestandteil der Glaubwürdigkeit hat nichts mit den Wissenschaften und der Unterscheidung zwischen dem nachgewiesenen Bekannten und dem nicht nachweisbaren Unbekannten zu tun. Er betrifft das, was *zumutbar* ist oder nicht. So kann jemand zum Beispiel nach einer zweifelsfreien Diagnose und eindeutigen Untersuchungsergebnissen sicher wissen, dass er Krebs hat, aber mit einer so heftigen Leugnung reagieren, dass er sich diesem Wissen einfach verweigert: Er lehnt es ab, seine Krankheit zur Kenntnis zu nehmen, weil sie für ihn existentiell nicht zumutbar ist. Selbst eine wissenschaftlich erwiesene Wahrheit ist deswegen nicht schon annehmbar. Kriterium ist, ob sie zu leben hilft, ob sie gut ist.

In dem Maß, in dem die Indifferenz einen Schutz darstellt, errichtet sie einen Wall gegen alles, was das Dasein beunruhigt und die prekäre Harmonie zu gefährden droht, die jeder vor Angriffen behüten will. Dass diese Haltung Zeichen einer verborgenen Schwäche ist, darf als wahrscheinlich gelten. Diese Feststellung schafft allerdings keine Abhilfe, sie würde eher die Abwehr verstärken oder das Gegenteil hervorrufen: einen depressiven Zusammenbruch. Den eine Überschwemmung abhaltenden Deich auszuhöhlen, hat Ertrinken bzw. Austrocknen zur Folge, führt in der einen oder anderen Weise also zum Tod. Manche Erkenntnisse sind tödlich. Der Mensch hält sich aus Vorsicht von ihnen fern, indem er sich entweder in einer aseptischen Neutralität einrichtet oder in den teilweise abenteuerlichen Gefilden kompensatorischer Spiritualitäten bewegt – was ihm ein gewisses Gefühl der Sicherheit gibt. Er muss sich die Welt zu einer machen, in der er atmen kann.

In einem solchen Klima von Jesus Christus zu sprechen oder nicht, stellt keine wirkliche Alternative dar. Diese soll uns aber beschäftigen, das legt die Debatte über die explizite oder implizite Verkündigung nahe. Auf felsigem Grund Korn auszusäen oder es nicht zu tun, kommt auf dasselbe heraus: Es gibt nichts zu ernten. Ähnliches gilt für die Verkündigung: Ob explizit oder implizit, welche Wahl auch getroffen wird, macht keinen Unterschied. Ob passend oder unpassend, angemessen oder unangemessen, das ist die eigentliche Frage, und das setzt eine ganz andere Haltung voraus. Der Vergleich der Indifferenz mit dem felsigen Grund, auf dem nichts Wurzeln schlagen kann, lenkt unseren Blick nicht auf diesen oder jenen Punkt der obersten Schicht Bodens, sondern auf seine tiefere Schicht. Es geht also nicht darum, um jeden Preis zu säen und die Saat unter Aufwendung aller verfügbaren Mittel möglichst flächendeckend auszubringen. Wenn sie die oberste Schicht erst einmal durchdrungen haben, können die Samenkörner nicht keimen, wenn der Fels sie hindert, der Boden zu trocken ist. Wie also in die Tiefe gelangen? Wie geht das: Nicht die Indifferenz beseitigen und auch nicht den Zugang erzwingen – und doch freilegen, was die felsige Oberfläche verbirgt?

Oberfläche und Untergrund

Die Unzugänglichkeit des Untergrunds treibt nicht wenige Existenzen um. Nicht selten geschieht es, dass Paare mehrere Jahre lang zusammenleben, ein oder zwei Kinder haben und heiraten und sich dann wieder scheiden lassen. Oder dass junge Novizen oder Seminaristen nach abgeschlossener Vorbereitungszeit ihre zeitlichen und ewigen Gelübde ablegen, zum Diakon und zum Priester geweiht werden und das Kloster oder den priesterlichen Dienst wieder verlassen. Was ist geschehen? Offenbar haben die einen wie die anderen in der Anspannung gelebt, eine Etappe hinter sich bringen, ein Ziel zu erreichen, sei es die Ehe, die Gelübde, die Priesterweihe. Und dann kommt irgendwann der Moment, wo sie „alles getan" haben und kein neues Ziel finden, auf das hin sie weitergehen können. Sie haben gewissermaßen erreicht, was sie wollten, und es scheint, als ob der Weg, den sie doch bewusst gewählt hatten, ihnen nun keinerlei Anreize mehr böte. Dann ändern sie die Richtung, biegen ab und beweisen auf diese Weise, wie sehr – trotz der aufgebotenen Liebe, der offensichtlichen Beliebtheit, der überwundenen Hindernisse – etwas in ihnen fremd, unberührt, gleichsam unzugänglich geblieben ist, außerhalb ihres „Karriereprofils", ihres stufenweisen Fortschreitens, trotz der echten Großherzigkeit der Anfänge in vielen Fällen.

Es ist, wie wenn eine Tonschicht, eine undurchlässige Plane ihre Oberfläche (ihre Einstellungen und ihre Mühen) von einer tieferen, unberührt bleibenden Schicht trennt. Im tiefsten Innern haben sie sich in keiner Weise verändert; die Tiefe bleibt indifferent, trotz der verliebten Worte, die sie gewechselt, trotz der strengen Askese, die sie sich auferlegt haben. Ihren Versprechen werden sie vielleicht untreu, doch sich selbst bleiben sie unerschütterlich treu.

Umgekehrt gibt es Menschen, auch solche ohne große Moralvorstellungen an sich selber, die sich durch eine Begegnung, einen Vertrauenserweis im tiefsten Inneren berühren lassen. Jenseits der Debatte um implizite oder explizite, offene oder nur evozierende Rede von Jesus Christus ist die echte Frage für den Gläubigen wie für die Kirche als Ganze eine andere: Sie müssen wissen, welcher Tiefenraum für die *Verkündigung* zur Verfügung steht. Anders ausgedrückt: Wo wurzelt die Umkehr, die nicht in erster Linie ein Richtungswechsel ist (ganz gleich, wohin sie geht, behält eine Schildkröte immer ihren Panzer), sondern vielmehr eine Veränderung des Daseins? Wie lässt sich das Herz berühren? Wie dringt man weiter vor als zum Panzer der Indifferenz, mit dem sich die Person mehr oder weniger bewusst schützt?

Offenbaren, was neu ist

Ein erster Punkt, der hier Beachtung verdient, betrifft das, was Offenbarung genannt wird. Das Thema ist aktuell. Fernsehsendungen, Bücher und Artikel interessieren sich aus den unterschiedlichsten Beweggründen für „diesen Menschen", der Gott wurde oder diese Ehre ausschlug, der gegen seinen Willen als Gott behandelt oder als solcher abgelehnt wurde. Auf jeden Fall verhalten sich jene, die göttliche Titel verleihen, nicht anders als jene, die nicht daran glauben: Beide tun so, als wüssten sie genau, um was es geht. Gott meinen sie so gut zu kennen, dass sie sich für befugt halten, ihm einen Titel zu verleihen oder abzusprechen. Die Meisterschaft in der Verleihung menschlicher oder göttlicher Titel verrät aber nur den Ehrgeiz derer, die sie verleihen. Im besten Fall ist Christus ein Offenbarer, verstanden wie ein Entwickler[1] im fototechnischen Sinn des Wortes: Was da „entwickelt", ist nämlich die Flüssigkeit, die nichts hinzufügt, aber das Licht, das auf die Platten oder den Film eingewirkt hat, offenbart.

---

[1] Anm. d. Übers.: Rouet greift die mehrfache Bedeutung von *révéler* auf: „enthüllen", „offenbaren", „ans Licht bringen" und damit auch „entwickeln" im fototechnischen Sinn.

Alles hängt davon ab, das Offenbarungswirken Christi nicht wie das Wirken jener Flüssigkeit zu verstehen, die Bilder ans Licht treten lässt. Christus ist nicht derjenige, der unsere geheimsten Gedanken zum Vorschein bringt und seinen Namenszug unter das Bild jenes höchsten Wesens setzt, das so leicht vorgestellt und zugleich nicht selten entstellt wird. Was wirklich überrascht: Jesus stellt klar, dass die Menschen dieses Wesen nicht kennen (Joh 7,28b; 5,37b). Diese Unkenntnis disqualifiziert jeden Anspruch, über den Titel „Gott" zu verfügen.

Ohne große theoretische Ansprüche wird heute gerne gesagt, dass Gott die Liebe sei und daher mit Gewissheit alle Herzen berühre. Damit soll die Indifferenz dazu gebracht werden, ihre Abwehr aufzugeben. Die Liebe ist aber, wenn sie nur als Gefühl betrachtet wird, zumindest ein unzuverlässiges Gefühl und kaum imstande, die felsige Oberfläche zu durchdringen. Wie im Gleichnis von der Saat, die auf felsigen Boden fällt: Sie gleicht einem Menschen, wie Matthäus schreibt, „der das Wort hört und sofort freudig aufnimmt; er hat aber keine Wurzeln, sondern ist unbeständig" (Mt 13,20–21). In dieselbe Richtung geht die Kritik, mit der eine Frau sich beklagt: „Die Leute sagen: Dieser Priester ist ‚super'. Für die Leute ist nur wichtig, dass er ihnen gefällt. Aber wirkliches Interesse gibt's da nicht. Das sind nichts als Emotionen!"

Solche Verhaltensweisen entsprechen dem Bild von der Religion, das uninteressierte Menschen nur in ihrer Distanz bestärkt: Die Muslime gehen in die Moschee, die Hindus in den Tempel, die Katholiken in die Kirche. Der Raum ist voller Schauspieler. Das Publikum urteilt. Was das angeht, wirkt die Indifferenz völlig anders als die Verfolgung, von der in der Apostelgeschichte die Rede ist: Die Verfolgung treibt die Christen aus ihrer Gesellschaft heraus und in die Zerstreuung (Apg 8,1). Im Gegensatz dazu wirkt die Indifferenz wie eine Falle, weil sie Gläubige zum Schauspielern zwingt; und genau darüber beklagt sich die oben zitierte Frau.

Jesus Christus ist nicht der Offenbarer im Sinne des Entwicklers und auch nicht im Sinne des Schauspielers. Er schockiert, indem er religiöse und gesellschaftliche Gewohnheiten aufbricht. Er versetzt seine Umgebung in Staunen und Schrecken. Er ist anders. Er überrascht und ruft Empörung hervor. Was ihn interessiert, ist das Begehren des Menschen. Den Blinden, der ihn um Erbarmen anruft, fragt er: „Was willst du, dass ich dir tue?" (Mk 10,51). Eine verblüffende Frage, denn was sollte sich ein Blinder wohl anderes wünschen als zu sehen? Und doch zugleich eine beängstigende Frage, denn sie schafft Distanz zwischen diesem Mann und seiner Blindheit: Es kann sein, dass er geheilt werden will. Doch es kann auch

Kapitel 3: Das Begehren befreien **53**

sein, dass er etwas anderes will. Alle anderen reduzieren seine Person auf sein Blindsein, doch dieses Mal erfährt man ausnahmsweise seinen Namen: Bartimäus. Von vornherein öffnet Jesus ihm Möglichkeiten, die über seine Behinderung hinausgehen. Er ist nicht nur ein Blinder, er ist ein Mensch. Zu den Aussätzigen, die Jesus heilt, zu dem reichen Jüngling, den er von seiner frommen Habgier zu befreien sucht, zu der Ehebrecherin, zu ihnen allen sagt er: „Geh", und verleiht ihnen somit das Recht und die Möglichkeit, ihrem Befreier gegenüber sie selbst zu sein. Die Christusbegegnung offenbart in jedem Menschen den Freiheitsraum, der in seinem tiefsten Inneren ist.

Auch dem Vater gegenüber handelt Jesus in aller Freiheit. Genau hier zeigt er sich als der, der überrascht und offenbart. Er überrascht durch seinen vertrauten Umgang mit Gott, und er offenbart ihn durch eine Beziehung, die völlig frei ist, weil er sich ihr ganz und gar überlässt. In diesem Sinne kennt er Gott auf eine Weise, die einzig ist.

Diese Freiheit der Beziehung gibt den Menschen sich selbst zurück und gibt auch Gott sich selbst zurück, dem, worin er am ehesten mitteilbar ist. Das ist der richtige Zeitpunkt, um jenes außergewöhnliche Wort der heiligen Katharina von Siena zu zitieren. Auf die Frage, worin die wahre Speise bestehe, die lebendig macht, gibt sie zur Antwort: „Das ist das Begehren nach Gott, welches das Begehren anzieht, das in der Zuneigung der Seele enthalten ist, auf dass das eine und das andere nur mehr eines sind."[2]

Das Begehren wecken

Das Begehren kommt hier zur Sprache, weil es die Spannung auf einen anderen hin ist. Doch die Begegnung mit diesem anderen, die das Begehren durch die Vereinigung mit der ersehnten Person zu erfüllen scheint, gewährt ihm in Wirklichkeit keine Erfüllung, weil dieser andere etwas anderes ist als nur das Objekt des Begehrens. Das Begehren beglückt durch die Begegnung, führt aber einen Bruch ein, insofern der begehrte andere immer über das hinausgeht, was von ihm ergriffen werden kann. Es ist zugleich Genuss und Spannung zum Größeren hin, Berührung und Überschreitung, Nähe und Wunde. Es ist eine Beziehung ohne Besitz und ohne Verschmelzung, die ein umso größeres Begehren aufflammen lässt.

---

[2] Katharina von Siena, *Lettres*, V, 26 (205), Paris, Le Cerf, 2012, p. 40.

Das Begehren strebt gleichzeitig nach größter Intimität und danach, über diese hinauszugehen. Jacques Lacan[3] war der Meinung, dass die Liebe ihr Ziel immer verfehlt. Zum Glück! Denn sie würde es verschlingen, wenn sie es erreicht. Der andere bleibt unerreichbar.

Das ist von vorrangiger Bedeutung, wenn wir uns der Indifferenz nähern. Sie hält einen großen Teil des Begehrens gefangen, denn sie lähmt das Engagement und fürchtet sich vor der Hingabe, weil sie Angst hat, betrogen zu werden. Was sie nicht *zumutbar* finden, ist für sie nicht *glaubwürdig*. Das oft gehörte Kinderwort trifft zu: „Ich hab' darauf keine Lust." Keine Lust, in die Katechese zu gehen, keine Lust, in die Schule zu gehen usw.

Das ist der zweite Punkt, den es zu untersuchen gilt. Die Erwachsenen kritisieren und arbeiten dieser Unlust entgegen. Pädagogisch gesehen haben sie Recht. Die Schule ist ein Muss. Und der Glaube? Die Behauptung, der Glaube helfe zum Leben, weckt sogar Zweifel daran, dass jemand ohne Glauben, das heißt ohne Vertrauen weiterleben kann. Also klammert man sich an alle erdenklichen Glaubensrichtungen und Kulte, selbst wenn man sich für „nichtglaubend" hält. Ist nicht die Mehrheit der Menschen in unserer Zivilisation dazu übergegangen, die Leere in ihrem Leben, die dem Begehren nach Gott Raum geben könnte, mit tröstlichen Idolen zu füllen? Diese These setzt allerdings voraus, dass die Idole als solche identifiziert werden:[4] Dafür muss man wohl selber erfahren haben, dass sie eine Lüge sind. Viele unserer Zeitgenossen teilen diese Diagnose allerdings nicht. Was lenkt denn ab von der Arbeit an sich selbst? Positiv gefragt: Was bringt Menschen dazu, aus sich herauszugehen, sich vom Wirken, vom Wort oder von der Existenz eines anderen prägen zu lassen? Man kann endlos darüber diskutieren; wesentlicher ist die Frage: Wie kann das Begehren geweckt werden? Wie kommt es zu jener Anziehungskraft, von der das Evangelium spricht (Joh 6,44)? Das „Komm und sieh" im Evangelium des Johannes meint nicht nur, dass hier einer, der zum Zeugen geworden ist, seine Erfahrung mitzuteilen sucht, sondern in erster Linie, dass beide, Einladender und Eingeladener, ein gemeinsames Interesse an der Einladung selber haben, daran nämlich, dass sie weitergegeben und

---

[3] Anm. d. Übers.: Jacques Lacan (1901–1981) war Psychiater und Psychoanalytiker. In seiner Freud-Interpretation gab er dem Begehren (*désir*) seinen zentralen Ort in menschlichen Beziehungen zurück. Bis heute ist sein Einfluss in Philosophie, Theologie und Literatur in Frankreich spürbar.

[4] Vgl. dazu die autobiographische Erzählung von Denise Bombardier: *Une enfance à l'eau bénite* [Eine Kindheit im Weihwasser], Paris, Le Seuil, coll. „Point roman", 1990.

angenommen wird. Wichtiger noch als ein aufrichtiger Zeuge ist mithin ein erstes Einvernehmen. Verpflichtungen spielen dafür eine wichtige Rolle. Sie geben Sicherheit schon allein dadurch, dass sie existieren. Sie betreffen in erster Linie nicht einen Inhalt, der akzeptiert, oder ein Handeln, das umgesetzt werden muss, sondern die Existenz von Beziehungen der Nähe; und diese verändern etwas: Eingegangene Risiken sind jetzt gemeinsame, und als solche sind sie zumutbar und glaubwürdig.

Ist das Zeugnis der Kirche zumutbar? Weckt es Begehren? Der heilige Paulus appelliert an die Römer: „Es darf doch euer wahres Gut nicht der Lästerung preisgegeben werden" (Röm 14,16). Er beschreibt die Distanz, die den Glauben von der Glaubwürdigkeit oder, anders gesagt, die Wahrheit von der Wahrhaftigkeit trennt, das heißt den Weg, der sicherstellt, zum Wahren fortzuschreiten. Für die Wahrheit Gottes hätte vielleicht ein Orakel genügt. Die Wahrhaftigkeit aber verlangt die Inkarnation, das einvernehmliche Unterwegssein also, nach dem Vorbild des Unbekannten, der mit den beiden Emmauspilgern unterwegs ist. Es gibt keine Wahrhaftigkeit ohne ein Miteinander-Teilen, ohne sich zu verschenken an einen ganz konkreten anderen in einem Austausch, der Leben ist. Das ist der Humus des authentischen Wortes, das man einem anderen zu sagen wagt, der zuhört, weil er die absichtslose Güte im Sprechenden erkennt. Es geht nicht bloß darum, etwas zu „sagen", sondern „*zu* jemanden zu sprechen". Es geht darum, ihn zu erreichen und ihm sein Sprechen zu geben, das erfüllt ist vom Gewicht und der Geschichte der Wörter. Nur so wird ein Sprecher glaubwürdig. Wenn nicht, kann er den Wert dessen, was er sagt, noch so sehr kennen, er wird umsonst sprechen.

In den Dialog eintreten

Sich auf diese Weise zu äußern verlangt Wechselseitigkeit. Damit sind wir wieder bei dem zweifachen Begehren, von dem die heilige Katharina von Siena sprach. Anders ausgedrückt und zugleich tiefer: Glaubwürdig ist erst, was auch zugemutet werden kann. Jene Haltung gilt es aufzugeben, in der einer dem anderen zuhört und dabei doch unverrückbar derselbe bleiben will. Ein Zuhören in der Bereitschaft, sich durchs Zuhören auch verändern zu lassen, verlangt, sich gegenseitig zu tragen, die Schwächen miteinander zu teilen, wie es der Brief an die Hebräer ins Gedächtnis ruft (Hebr 2,18; 5,2). Paulus geht so weit, dass er schreibt: „Einer trage des anderen Last; so werdet ihr das Gesetz Christi erfüllen" (Gal 6,2). Die Macht

Gottes erweist sich in der Schwäche: Statt einen Grund zu suchen, den anderen kleinzumachen oder ihn in seiner Schwäche zu isolieren, greift diese Macht als eine Kraft der Geschwisterlichkeit ein. Das ist es, was sie glaubwürdig macht. Um was für eine Macht handelt es sich? Man merkt, dass das Wort verdächtig ist. Um den Verdacht loszuwerden, spricht man von einem „schwachen" Gott. Wer von einem „schwachen Gott" spricht, darf seiner Hilfe nicht allzu sehr bedürfen. Ein niederdrückender Gott würde Widerstand provozieren. Doch ein Gott, der vor allem darin „allmächtig" ist, seine eigene Macht zurückzunehmen, weiß, welche Annäherung durch Demut ermöglicht wird und was diese an Kreativität zu wecken vermag.

Wenn sie sich mitten hineinbegibt in die Schwäche, wenn sie verletzte Menschen behutsam begleitet, im Respekt vor ihren Wunden, an denen sie selber leidet, kann das Zeugnis der Kirche angenommen werden, ist es glaubwürdig. Ohne diese Verwurzelung kann sie ihr Wort noch so sehr mit Machtanspruch verlauten lassen, es dringt nicht durch die isolierende Schutzschicht der Herzen. Erst ihre Schwäche, das Fehlen ihrer Forderungen und Privilegien, die Armut ihrer Lebensweise, die demütige Geschwisterlichkeit ihrer Haltung machen die Kirche annehmbar. Dann würde sie sich nicht wie eine Religion verhalten, die neben anderen ihr Heilsversprechen anpreist.

Nichts vermag die undurchlässige Schicht der Indifferenz zu durchdringen, schon gar nicht die Gewalt, es sei denn, unter dieser Schicht entsteht ein Verlangen nach Begegnung, das im Innersten des Menschen entspringt, das zutiefst persönlich ist und zugleich auf der Suche nach einem anderen Antlitz. Als die Apologetik sich noch mithilfe von Schmähschriften mit „den Ungläubigen" auseinandersetzte, kämpften beide Seiten auf einer gemeinsamen Grundlage: dem Sakralen, der Existenz einer Gottheit, dem Sinn des menschlichen Daseins. Dieser Rahmen war von allen Beteiligten akzeptiert und ermöglichte den Schlagabtausch. Heute gibt es keinen gemeinsamen Boden mehr. Die Indifferenz bedeutet Neuland. Die Konfrontation, der theologische Kleinkrieg, das Auge-in-Auge-Werben verstärken den Hang zum Rückzug. Dabei gibt es manches, was neugierig macht. Doch der/die Einzelne liefert sich nicht aus, gibt sich nicht hin. Es fehlt das Vertrauen. Um Vertrauen zu fassen, muss man ein wenig verkosten dürfen, vorsichtig, bevor man sich öffnet. Es braucht anhaltende Geduld, um tasten und beobachten zu können und zögernd und stockend zu sprechen zu beginnen.

Das heißt: Der Versuch, die Schutzschicht der Indifferenz von außen zu durchdringen, ruft eher Widerstand hervor. Sie kann eigentlich nur aus der tiefsten Tiefe der Person selber aufsteigen: „Was willst du, dass ich dir tue?", lautet die von Jesus gestellte Frage. Seine Zeichen und Reden ziehen die Scharen an, doch auf deren Drängen reagiert Jesus mit Zurückhaltung: „Jesus selbst aber vertraute sich ihnen nicht an" (Joh 2,24). Was wäre denn auch eine Zustimmung wert, die nicht durch jenen Tod hindurchgehen würde, in dem man gewissermaßen sich selbst stirbt? Wie aber soll man sich selbst sterben, wenn die Angst vor diesem Durchgang alles beherrscht und sich mit Indifferenz wappnet, um sich vor Verletzungen zu schützen?

Die geheime Quelle freilegen

Entscheidend an diesem Punkt ist es, das Sprechen zuzulassen, jenes Sprechen, in dem das Begehren hörbar wird. Solange diese Bewegung zurückgehalten wird, schützt die undurchdringliche Tonschicht vor dem, was von außen kommt, und sperrt zugleich das Innerste im Nicht-Gesagten ein. Um auf den Fall jener jungen Geschiedenen zurückzukommen oder das Beispiel jener Priester und Mönche, die weggegangen sind: Es wäre klug, das zutiefst verborgene Begehren sich äußern zu lassen. Dieses Begehren hatte zwar einen Ausdruck im gemeinsamen Leben oder in der Berufung gefunden; aber dabei ging es eigentlich nicht um dieses Projekt selber, sondern es ging darum, für das Begehren eine Gestalt zu suchen, ohne die es sonst verkümmert wäre; und das Projekt von Ehe oder Ordensberufung war das erste, das sich angeboten hatte. Es kann also dazu kommen, dass die Gestalt, in der das Begehren zutage tritt, mit seiner inneren Ausrichtung nicht übereinstimmt. Etwas anderes war es eigentlich, wonach verlangt wurde, was man jedoch nicht anders zu sagen wusste: vielleicht ein Verlangen nach Unabhängigkeit, vielleicht ein Bedürfnis nach Erwachsenwerden oder ein Impuls der Selbstlosigkeit.

All das erinnert an das Beispiel einer Pfarrgemeinde, die eine perfekt organisierte Messdienergruppe ins Leben gerufen hatte, mit dem Ziel, Priesterberufungen zu wecken. Zur großen Enttäuschung der Initiatoren war keine Berufung daraus entstanden. Hätte es anders sein können? Der Rahmen war so perfekt gebaut, dass die jungen Leute sich lediglich hätten einfügen müssen, ohne sich mehr zu wünschen, ohne nach etwas anderem zu verlangen. Das Bild, das sie vor sich hertrugen, stärkte sie. Sie bedienten es, und es diente ihnen – es diente ihrem Reifeprozess –, doch dann gingen sie weg.

Es ist leicht zu erkennen, was hier schlief läuft. Der Bruch mit dem Status eines Messdieners vollzog sich am Ende ihrer Laufbahn, am Ende ihrer Jugendzeit. Diese jungen Leute gingen dann zu etwas anderem über. Um aber das Begehren freizulegen, brauchte es einen Bruch, durch den ein anderes Verlangen hätte ans Licht treten können als das Bestreben, gut in den Rahmen der auf sie gesetzten Erwartungen hineinzupassen.

Diese Beispiele sind erhellend für unsere Annäherung an die Indifferenz. Ihr gegenüber liegt das Wesentliche nicht in blockierenden Sätzen und genauso wenig in lähmenden Fragen. Was zählt, ist das Wort des anderen, das Wecken des Begehrens. Dessen Wirkung wird erst offenkundig, wenn die Person einem Zuhören begegnet, das ihr erlaubt, bis ans Ende dessen zu gehen, was sie sich vielleicht selber nicht einzugestehen wagt. Zu hören und zu verstehen, was in Worten gesagt wird – wie es Jesus mit der Samariterin tut (Joh 4) und mit den Männern, die eine Ehebrecherin zu ihm führen (Joh 8) –, gibt den anderen sich selbst zurück. Er hat das Recht zu existieren. Er wird anerkannt. Es ist nicht gleichgültig, dass er lebt. Allerdings darf der Zuhörende keine Angst vor dem haben, was gesagt wird, und er muss ein Schweigen auch bis zum Ende aushalten können.

Ein solches Zuhören ruft Wechselseitigkeit hervor. Sie ereignet sich bei klarem Bewusstsein. Der Zuhörende ist eingeladen, sich auszusetzen, seine Fragen voll Vertrauen zu stellen, egal ob einer Person oder Institution. Gläubige, die in solchen Situationen gewappnet mit Gewissheiten auftreten, machen Angst. In einer langen Lehrzeit und geduldig geübter Wechselseitigkeit hat Jesus in seinen Jüngern Vertrauen geweckt und wachsen lassen. Die Schwäche ihrer Zweifel und auch ihrer Begeisterungsstürme beantwortet er mit seiner Schwachheit bis zum Äußersten. Das heißt lieben.

Die Wunden sprechen

Die Kirche kommt den Uninteressierten nahe, wenn sie auf ihre Vorrangstellung verzichtet und ihre eigene Verletzbarkeit anerkennt. Sie hatte den Traum einer perfekten Gemeinschaft geträumt, obwohl das Evangelium von ihr nur etwas ganz Einfaches verlangt, nämlich „schmackhaft" zu sein (vgl. Mt 5,13). Aber: Ein Zuviel an Salz macht die Speisen ungenießbar.

Die Fehler der Christen belasten und vergiften ihr Leben, das Leben der Kirche. Es sind keine offenen Wunden, sondern Aussatz und Fäulnis. Es gibt Wunden der Liebe und des Begehrens; es gibt aber auch Wunden, die daher rühren, nicht zu lieben, falsch zu lieben, sich zu wenig hinzugeben, Buch zu führen über die eigene Großzügigkeit. Die Kirche muss nicht perfekt sein, sondern zu ihrer Unvollkommenheit stehen. Unser Ungenügen verletzt uns. Das ist die Wahrheit. Und ist das nicht genau die Lage der Kirche, von der es in der Bibel heißt, dass Christus als ihr Bräutigam sie Tag für Tag reinigt, schmückt und nährt (vgl. Eph 5,25–29; Bezug auf Ez 16)? Diese verwundete Kirche spricht. Eine gesättigte Kirche dagegen verurteilt sich selbst zum Schweigen.

Die Kirche spricht, weil das Wort Gottes sie im Herzen berührt wie ein Schwert, das von außen in die Tiefe dringt (vgl. Hebr 4,12); damit sagt sie, dass die Indifferenz, diese undurchlässige Schicht, die die Einzelnen isoliert, durchlässig gemacht geworden ist. Die Kirche befindet sich in der Situation des Auferstandenen mit seinem geschundenen, durchbohrten Leib, mit den Spuren der ihm zugefügten Wunden. Hände, die nichts festhalten, eine offene Seite als Quelle, Füße, um durch Dornen zu gehen auf der Suche nach den Verlorenen dieser Welt. Diese Wehrlosigkeit, diese Schutzlosigkeit bringen die Mauern der Indifferenz zu Fall, ohne Gewalt.

Kapitel 4
Die Beunruhigung akzeptieren

Die Indifferenz, die Abstand und Schutz ermöglicht, fragt das Menschsein an. Dieses scheint allerdings nicht mehr im Zentrum der Debatten und Fragen zu stehen, die die einen begeistern und andere beunruhigen. Niemand kann sich für alles interessieren. Eine wachsende Zahl von Experten vergräbt sich immer tiefer in immer enger umrissene, spezialisierte Forschungsgebiete. Ihre Untersuchungen auszuweiten, würde sie allzu sehr ablenken. Ihre Gleichgültigkeit für ihr Umfeld schärft die Aufmerksamkeit für ihr Forschungsziel. Die Absicht ist ehrenwert. Sie bringt zum Ausdruck, was ein Leben in Schwung bringt, anziehend, kurzum: interessant macht. Das war einmal anders. Da galt das als wichtig und geradezu sakrosankt, was dem Leben seinen Wert verlieh, die Sinngebungen des Lebens. Die großen Anfragen („Woher kommen wir?", „Wohin gehen wir?", „Wer sind wir?") schienen dem Bewusstsein einfach innezuwohnen. Unmöglich, sich davon abzuwenden. Philosophie, Ethik und Religionen diskutierten, bis ihnen die Luft ausging, über ihren Ursprung, ihre Entwicklung und über mögliche Antworten.

Völlig unvermittelt, so scheint es, haben diese existentiellen Fragen aufgehört, Menschen zu begeistern. Wenn, dann sind es einzelne, die noch ein gewisses Interesse für solche Fragen aufbringen. Die unendlichen Räume haben ihren Schrecken verloren. Es ist eher das Monatsende, das den Menschen Angst macht, die Arbeit, die sie stresst.[1] Wer von diesen Ängsten verschont ist, kann mit Muße nachdenken. Er entrüstet sich, wenn er sieht, dass andere den fundamentalen Problemen aus dem Weg gehen. In diesen Zusammenhängen ist es eher unpassend und störend, von der Indifferenz zu sprechen. Also verscheucht man die Frage wie eine lästige Fliege.

---

[1] Fast mit einer gewissen Leichtigkeit ruft eine junge schwedische Schriftstellerin aus: „Oh! Was habe ich in meinem Leben nicht schon alles geschluckt! […] Im Moment fühlt es sich an, als hätte ich Angst, überhaupt noch an etwas zu glauben. Mir scheint, ich habe mehr Zeit darauf verwandt, diesen Nagellack auszusuchen, als darauf, zu glauben (Katarina Mazetti, *La fin n'est que le début*, Arles, Actes Sud, coll. „Babel", 2011, p. 18 [Orig.: *Slutet är bara början*, 2002]).

Sich zu weigern, genau und aufmerksam hinzusehen, hat aber noch nie ein Problem gelöst. Wie kann man zur Indifferenz einen Zugang finden? Die Worte verleihen Macht über das, wovon sie sprechen. Adam erweist sich darin als Meister (Gen 2,20). Benennen ist mehr als nur bezeichnen. Benennen definiert und klassifiziert. Gott ändert Namen – Abraham, Sara, Israel ... – oder gibt sie: Johannes, Jesus ..., und das hat seinen Sinn. Es gibt Menschen, die sich weigern, ihren wirklichen Namen preiszugeben, weil sie fürchten, dem anderen damit eine magische Macht über sie zu geben. Die Indifferenz gleitet zwischen den Wörtern hindurch und entkommt ihren Festlegungen. Wenn man das Gewissen, die Ethik und Gott selbst zu Gesprächsthemen macht – was Jesus nie getan hat –, muss man sich dann noch über Menschen wundern, die vielleicht nicht von vornherein die „Sache", aber die die Art und Weise ablehnen, *wie* darüber gesprochen wird? In objektive Begriffe zu kleiden, was an das Innerste einer Person rührt, ruft Ablehnung hervor oder sogar Widerwillen. Es sterben mehr Menschen an Hunger oder an Überarbeitung als an philosophischen oder theologischen Thesen, und doch werden gerade diese verdächtigt, der Härte des Lebens noch eine Last hinzuzufügen. Indifferenz wirkt da wie ein Gegengift.

Unter diesen Umständen kann es nicht darum gehen, „noch mehr" hinzuzufügen, damit die Botschaft, von der die Kirche Zeugnis ablegen will, besser ankommt: mehr Kommunikation, mehr Anpassung, mehr Überzeugung, mehr Argumente. Ein solches Überbieten macht die Botschaft zu einem Gegenstand der Werbung oder zu einem Bildungsgut, das es für festliche Anlässe zu konservieren gilt. Noch weniger geht es darum, Verurteilungen auszusprechen. Dass der Glaube, dem sie ihr Leben geweiht haben, als uninteressant abgetan wird, ärgert alte Kardinäle. Sie müssen also Motive für ein derart unverständlich erscheinendes Desinteresse konstruieren: Wenn der Glaube so, wie ihn die Kirche bezeugt, nicht mehr gehört wird, dann, weil die Welt mit einem Mal hedonistisch geworden ist, materialistisch, „epikureisch" usw. Diese Strömungen sind aber nicht erst gestern entstanden! Sich Feindbilder zu schaffen, ist der von Angst gesteuerte Versuch, eine so beschuldigte Welt weit von sich wegzuschieben und sich so von ihrem Gift zu reinigen.

Zwei Anmerkungen drängen sich hier auf. Wenn wir ins Markusevangelium schauen, fällt auf, dass der Evangelist zum Beispiel in Mk 6,34 betont: „Jesus lehrte die Menge eine lange Zeit" – dann aber kein Wort vom Inhalt dieser Lehre berichtet. Für Markus ist offensichtlich die Haltung Jesu entscheidend: Sein Handeln, seine Weise, da zu sein, sagen mehr als alle Worte. Die andere Anmerkung führt in die Mitte des 19. Jahrhunderts. Angesichts einer Bevölkerung, die christliche Bräuche noch nicht wieder aufgenommen hatte, sondern die die moralische Härte des Jansenismus ertrug, rief der Gründer der Herz-Jesu-Missionare von Bétharram, der heilige Michel Garicoïts, aus:

„Welche Verirrung bei jenen, die die Dinge nur spekulativ oder das Spekulative praktisch sehen! Welche Fehlentscheidungen! [...] Ein und dieselbe Sache kann in der Spekulation und in der Praxis verschieden sein, und ebenso müsste auch die Art, wie man sich zu verhalten hat, variieren [...]."²

Mit anderen Worten: Die Vorschrift eines idealen christlichen Lebens, das in allen Punkten mit der Lehre übereinstimmt, mündet in der Praxis in Sackgassen, weil die auferlegten Normen, die sich auf eine imaginäre Reinheit stützen, rein gar nichts mit dem Leben der Personen zu tun haben.

Diese beiden Bemerkungen beziehen sich nicht auf die banale Unterscheidung zwischen Sprechen und Handeln. Sie zielen auf etwas Tieferes: auf das, was Wort und Tat zugrunde liegt, was dazu drängt, in diesem bestimmten Augenblick, gegenüber diesem einen Menschen und auf genau diese Weise zu sagen und zu tun. Plötzlich sieht man, dass die Frage der Indifferenz nicht einfach nur ein Mehr an Mitteln oder ein Mehr an Großzügigkeit von den Christen verlangt. Sie gilt den innersten Beweggründen, die Menschen dazu bringen, indifferent zu sein – oder nicht –, diese Haltung einer Untersuchung für wert zu halten – oder nicht. Kurzum, die religiöse Indifferenz legt unterhalb aller äußeren Glaubensvollzüge die tieferen Gründe dafür frei, dass jemand glaubt – oder nicht. In diesem Sinne erweist sie sich als ein „Meister des Verdachts" – mit einer ganz anderen Strenge als Marx, Nietzsche oder Freud, die seit nunmehr 50 Jahren so hoch in Ehren stehen. Die Art der Infragestellung braucht hier keine philosophischen Argumente, es sei denn nachträglich. Die Indifferenz steht da als eine massive Realität an sich, die nicht einmal Fragen stellt, sondern durch ihre bloße Anwesenheit die stabilsten Fundamente unterminiert.

Zwei Probleme erscheinen mir in diesem Zusammenhang bedenkenswert: Mit der Indifferenz ist eine Aufmerksamkeit für das Unmittelbare und eine Zurückhaltung der Zukunft gegenüber verbunden, was zeigt, dass sich die Beziehung zur Zeit gewandelt hat. Durch ihre massive Präsenz ist die Indifferenz eine Anfrage an den Glauben: Es gilt herauszufinden, warum er kein Begehren mehr auslöst.

---

[2] Pierre Duvignau, *Un maître spirituel du XIXe siècle, saint Michel Garicoïts*, Paris, Beauchesne, 1962, p. 81.

Das Unmittelbare als Idol

Sich mit dem, was modern ist, auseinanderzusetzen, haben Menschen schon immer getan – aus Angst, Missbilligung, Begeisterung oder Zweckdenken. Das Moderne wartet nicht auf eine Reaktion. Es rückt vor, ob wir es wollen oder nicht. Gestern ist „von gestern". Wiederherstellungen des Gestern stammen immer aus der Gegenwart. Das Gestern geht nicht weiter. Diejenigen, die das Überleben dessen zu gewährleisten suchen, was schon gar nicht mehr ist, bringen eine unfruchtbare Mischung hervor: weder echte Vergangenheit noch Bejahung der Gegenwart. Die Erinnerung sucht sich ihre Vergangenheit. Die Zukunft begeistert nicht mehr. Merkwürdigerweise musste gestern alles schnell gehen: Die Lebenserwartung war gering. Beim Eisenbahnbau gab es Ingenieure, die nicht älter waren als 17 Jahre. Unsere Zeit hat sich gedehnt: Planungen auf zehn, zwanzig oder fünfzig Jahre in die Zukunft sind gang und gäbe. Sie versuchen, das zu verlängern, was gerade modern ist, was sich jedoch in jeder Periode ein anderes Aussehen gibt.

Die Zeitwahrnehmung wird widersprüchlich: Wir sind immer schneller unterwegs in eine immer fernere Zukunft, deren Dringlichkeiten jedoch schon auf die Gegenwart einwirken. Diese ungreifbare Gegenwart mit ihrem kurzen Gedächtnis und ihrer verlängerten Zukunft beschreibt vermutlich eine Moderne, die stets die „Postmoderne" ihrer selbst ist.

Als Augustinus im 4. Jahrhundert den Untergang Roms und damit das Ende seiner Welt beklagt, sieht sein Zeitgenosse Salvien von Marseille darin eine verdiente Läuterung. Beide beziehen sich auf ein und dieselbe Geschichte. Sie interpretieren also. Heute ist eine solche allumfassende Interpretation nicht mehr vorherrschend: Die Politik analysiert die tagesaktuellen Tendenzen, um darauf zu reagieren, ebenso der Markt; in den Medien stehen aktuelle Ereignisse im Vordergrund, die Finanzexperten wählen unter den Investitionen diejenigen aus, die am rentabelsten erscheinen, die Technologen übertreffen sich mit Erfolgen. Die heutige Moderne ist ein Markt, den es zu erobern gilt, will sagen: Man konkurriert darum, die längste Zeitspanne in der größtmöglichen Kürze zu besetzen. Was man dem anderen voraushat, definiert sich nicht mehr über den zu besetzenden Raum, sondern über die Zeit. Erbeutet wird nicht das Territorium, sondern die Kontrolle über die Zeit. Insofern irrt die Moderne, wenn sie meint, modern zu sein: Sie müsste schon das Morgen erobern. Sich in die Zukunft zu versetzen, bedeutet, einen virtuellen Raum zu bewohnen.

Wie soll man dem widerstehen? Das Schlimmste an der Gier nach dem Morgen und am Misstrauen gegenüber dem Heute ist die fehlende Hoffnung. Der Satz, den ich aus dem Mund eines Zwölfjährigen und eines 30-jährigen Erwachsenen gehört habe, sagt es in aller Klarheit: „Hoffnung ist ein Wort, das in meinem Wortschatz nicht vorkommt." Hochrechnungen, Vorhersagen, Kalkulationen und Erhebungen haben die Hoffnung verdrängt und das Vertrauen ersetzt.

Eine Logik der Eroberung brachte unsere Vorfahren dazu, sich wegen einer Quelle, eines Weidegrunds, eines Bisons oder einer Häuptlingstochter gegenseitig umzubringen. Heutzutage erbeuten die Räuber seltene Metalle, spekulieren auf schlechte Getreideernten, kämpfen um die Beherrschung der Märkte oder die Kontrolle der Migrationsströme. Die Logik hat sich nicht verändert. Eine einzige Sache hat sich verändert: Sich der Zeit zu bemächtigen (die Geld ist), erfordert Strategien, die komplexer sind und weniger nachvollziehbar als diejenigen, die beim Überfall auf ein anderes Land eine Rolle spielen. Ein benachbartes Gebiet zu besetzen, ist ein sofort erkenn- und benennbarer Akt. Ein Börsenmanöver in Gang zu setzen, ist ein Akt, der eher undurchsichtig bleibt. Dahinter lassen sich Berechnungen erahnen, Ambitionen und Absichten, deren Realität und Recht für die Mehrheit der Bevölkerung jedoch nicht evident sind. Ihr bleibt meist verborgen, weshalb solche Manöver sie mit einem Mal in Gestalt von Firmenschließungen und Arbeitslosigkeit treffen, weshalb sie zu Preiserhöhungen führen und zu Gewaltausbrüchen in fernen Ländern. Folglich werden diese Kämpfe auf einer zweiten Ebene ausgetragen: der Ebene der Ideologien. Zwischen der Rasanz dieser undurchsichtigen Kämpfe und dem Lebensrhythmus des Einzelnen klafft ein Abgrund. Die Interessenskonflikte einiger weniger werden auf dem Rücken der vielen ausgetragen. Es gibt kein geheimes Komplott, es gibt nicht „die unsichtbare Hand", sondern eine phantastische Beherrschung der Dinge, die sich ohne Rücksicht auf die Menschen entfaltet.

In dieser Situation erscheinen die religiösen Systeme genauso undurchschaubar wie die Prinzipien, die das Weltgeschehen leiten. Die Indifferenz ist ein Ausdruck der Ohnmacht angesichts dieser großen Systeme, die vermeintlich die Welt erklären und leiten. Man kann sich nur fügen – in dem unüberwindlichen Gefühl, einer Schicksalsmacht ausgeliefert zu sein. Die einzelne Person fühlt sich gedemütigt, also verschließt sie sich und versucht, sich in der Privatsphäre zu entfalten, da, wo sie noch handeln kann. Die Folge ist, dass sie sich im Unmittelbaren isoliert. Sie baut sich ihren Wertehimmel aus Konsumgütern, aus Urlauben, aus Bezie-

Kapitel 4: Die Beunruhigung akzeptieren **65**

hungen. Ihre persönliche Götterwelt errichtet für sie einen Schutzschirm gegen die bedrohlichen und unbekannten Imperien. Diese Götterwelt spiegelt ihre individuellen Vorlieben und dient als Idol, das heißt als Schutzbild ihrer Bedürfnisse. Das Unmittelbare wird zum Ort ihrer behüteten Existenz. Was darüber hinausgeht, gehört zu den auf den Menschen lastenden Welten. Ausgerechnet in der Moderne erstehen wieder jene dunklen Kräfte, die die Welt der Antike erdrückten. Der Mythos kehrt zurück, sobald die gesellschaftlichen Verhältnisse so beschaffen sind, dass sie ihm Tür und Tor öffnen. Die Schriften des heiligen Paulus sprechen an mehreren Stellen von den „Mächten der Lüfte" (vgl. Eph 2,2; 6,12), die über die Menschen herrschen. Der Apostel bekräftigt, dass der Glaube diese Fürsten entmachtet. Indessen müssen wir uns wohl über den Glauben verständigen.

Die Müdigkeit des Glaubens

Wer in unserer Zeit gegen Glauben und Religion eingestellt ist, bezieht seine Argumente nicht mehr aus den großen Ideenkämpfen, sondern aus Fakten, auf die unermüdlich verwiesen wird: die Kreuzzüge, die Inquisition, die Religionskriege usw. Filme, Romane und Comics sorgen dafür, dass sich solche Bilder in den Köpfen festsetzen. Dabei geht es weniger um historische Argumentation. Stärker ist die Vorstellung, dass Religionen ein System bilden, bei dem, wenn es erloschen zu sein scheint, irgendwo ein Funke genügt, um es wieder aufflammen zu lassen. Der Gläubige kann noch so oft sagen, dass diese Wahrnehmungen einseitig und übertrieben sind. Für unsere Zeitgenossen bestimmend ist das Gefühl, dass immer ein System der Welterklärung an der Macht ist, dem sie sich nicht unterwerfen wollen. Wogegen Menschen sich wehren, ist das „System". Ein System ist eine Organisation ohne erkennbare Theorie: ein funktioneller Apparat, der die verschiedenen Komponenten verbindet, einpasst und überwacht. Wenn es eine Theorie gibt, dann entzieht sie sich der Wahrnehmung, verborgen unter einer sich verselbständigenden Bürokratie. Auf diese Weise hat das System immer Recht. Wenn die Menschen die von ihm behaupteten Werte nicht teilen, dann – in der Logik des Systems – deswegen, weil sie deren Tragweite nicht verstanden oder sich überhaupt von ihnen abgewandt haben.

Gläubige werden hier protestieren, weil sie im Gesagten eine Karikatur ihres Glaubens sehen. So gerechtfertigt ihre Reaktion sein mag, sie verwechseln den Ausdruck ihres christlichen Glaubens mit dem, was die von ihnen als Uninteressierte eingestuften Menschen darin sehen. Für viele unserer Zeitgenossen bedeutet „den Glauben haben", die Existenz eines höchsten Wesens anzunehmen (und sie sprechen sogar von „etwas, was über uns ist" – einem Neutrum also), das die Aufgabe hat, den Ursprung der Welt zu erklären, in seltenen Fällen Wunder geschehen zu lassen und vor allem die Unsterblichkeit der Seele zu garantieren. Dieser Deismus dient dann weiter als Rechtfertigung einer hierarchischen Weltordnung; dafür verlangt er im Gegenzug, einem Gottesdienst[3] beizuwohnen (was „Praktizieren" genannt wird), Familienfeiern in Ehren zu halten und privat moralisch einwandfrei zu leben. Diesen Deismus meint die Mehrheit der Franzosen mit Religion. Ein Zeichen hierfür sind die vier Statuen, die das Helmdach des Invalidendoms in Paris tragen: Sie stellen den Glauben, die Hoffnung, die Liebe und die Religion dar. Dieselbe Darstellung findet sich auf einem Gemälde in der Kirche Notre-Dame-de-l'Assomption in Belvès (Dordogne).

In unserer Zeit, in der fast überall unterschiedliche *Religionen* anzutreffen sind, mit und ohne Konflikte, stehen sie mancherorts für *die* Religion schlechthin. Da liegt die Versuchung nahe zu zeigen, dass die Besonderheit des Christentums nur eine mögliche Spielart des umfassenden religiösen Phänomens ist. Hier erweist sich der Deismus als besonders anpassungsfähig. Dieser intellektuelle und gesellschaftliche Entwurf, in dem Gott über der Welt thront, bemüht sich, den religiösen Pluralismus zu verstehen und seine Ausdrucksformen in ein friedliches Gesamtbild einzupassen. Er versucht, religiösen Übergriffen zuvorzukommen – wie es Napoleon getan hat und manche Politiker heute fordern. Die Staatsräson oder die Räson jedes Einzelnen bemächtigt sich des Faktums Religion, um es zu „veredeln". Auf diese Weise stimmen die öffentlichen Ausdrucksformen des Glaubens mit den inneren Überzeugungen der Einzelnen oft nicht mehr überein. Zur Schau gestellte Nicht-Religiosität geht nicht selten Hand in Hand mit privater Religiosität. Dieses Missverhältnis verstärkt die „undurchlässige Schicht", durch die Bekundungen einer Person nach außen hin mit dem, was sie in ihrer Tiefe lebt, nichts mehr zu tun haben. Damit verfügt eine Laizität, die nicht weiß, wie sie sich dem reli-

---

[3] Anm. d. Übers.: Das französische Wort ist *culte*. Seit dem Gesetz (1905), das in Frankreich die strikte Trennung von Religion und Staat regelt, Grundlage für die *Laizität à la française*, ist dieses Wort geläufig geworden, um alles zu bezeichnen, was im weitesten Sinn religiöse Feiern sind.

Kapitel 4: Die Beunruhigung akzeptieren **67**

giösen Pluralismus gegenüber verhalten soll, über einen Ansatzpunkt und ein Motiv zur Intervention.

Den Willen, die Religion in den Griff zu bekommen, gibt es nicht erst heute. Das hellenistische Christentum war eine mutige Schöpfung, um einer bestehenden Kultur den Glauben an Jesus Christus auf glaubwürdige und verständliche Weise zu vermitteln. In dieser unabdingbaren Kreativität verstand sich die vom Kaiser bestimmte Gesellschaft darauf, dem Glauben eine akzeptable und gefällige Form zu geben. Es gibt keine Kultur ohne Macht: Der Titel des „Pontifex Maximus" ging von den heidnischen Kaisern auf die byzantinischen Kaiser und von diesen auf die Päpste von Rom über. Eine kulturelle Ausprägung des Glaubens in einer Gesellschaft wirkt sich unweigerlich darauf aus, wie eine öffentliche Ordnung funktioniert. Das macht verständlich, weshalb eine kulturelle Erscheinungsform des Glaubens überdauert, auch wenn die Kultur selber bedeutungslos geworden ist. Die hellenistische Ausprägung des Christentums überdauert den schwindenden Hellenismus. Der Widerstand gegen die Konzilien von Nizäa (325) und Ephesus (431) mit ihren Lehraussagen zur Person Christi hatte nicht allein theologische Gründe. Auf dem Spiel standen die kulturelle Pluralität und die intellektuelle und gesellschaftliche Unabhängigkeit des Christentums allgemein im Verhältnis zur byzantinischen Vorherrschaft.

Dieses Problem geht die Moderne unmittelbar an. Wie kann der Glaube in den Gegenwartskulturen ausgedrückt werden, ohne dabei ein bestimmtes Modell durchsetzen zu wollen? Wie kann das Evangelium ausgedrückt werden, ohne sich den herrschenden Vorstellungen zu unterwerfen und ohne sich an einen Lebensstil zu binden, insbesondere, wenn er ein von der Globalisierung geprägter Lebensstil ist? Im Klartext: Kann man vom theoretischen Zentralismus mit der darin transportierten Machtform zu einem echten Pluralismus im Ausdruck des Glaubens übergehen? Immerhin gibt es vier Evangelien!

Dieses Unterfangen setzt voraus, dass man das Christentum gerade nicht als eine Lehre auffasst – die es erst in zweiter Linie ist –, sondern als ein Ereignis und eine Person: als das Ankommen einer Person. Das Wort Gottes ist Tat. Es ist das Verhalten Christi, das seine Umgebung in Staunen versetzt und Entrüstung hervorruft. Er offenbart einen Gott, mit dem die Menschen nicht vertraut waren. Selbst in seinen Bezugnahmen auf das Alte Testament trifft er eine Auswahl und gibt seinen Gründungstexten einen neuen Sinn. Es herrschen Kontinuität und zugleich Diskontinuität. Brüche und Aufbrüche kennzeichnen das besondere Ereignis, das Christus ist.

Christsein hat heute meistens mehr mit Gewohnheit und Konformität zu tun als mit einem Erschrecken durch Neues, mit Staunen, mit Gnade. Verwunderung und Bestürzung, von denen die Evangelien nicht selten sprechen, verschwinden hinter Traditionen und Statistiken. Insofern fehlt dem Glauben das überraschende Moment und die Fähigkeit, durch die Indifferenz hindurch zum Herzen der Person vorzudringen. Die Formen, die der Glaube in seinen öffentlichen Bekundungen annimmt, rufen nicht jenes Erstaunen hervor, das eine Existenz zu erschüttern vermag. Der Rückgriff auf alte Ausdrucksformen domestiziert das Überraschende des Glaubens und dient nur noch pflichtgemäßer Konservierung; und die jüngsten Begeisterungsstürme[4] können nicht über den sehr traditionellen Charakter des verbreiteten Inhalts hinwegtäuschen. Was an der Oberfläche neu erscheint und die Emotionen bedient, lässt das zugrundeliegende, unbewegliche System intakt, das solche öffentlichen Darstellungen für sich ausnutzt. Und so kleidet sich der Glaube in die Farben altgewohnter Anschauungen: des Sakralen, des Star- und Personenkults, der Identitätssuche. Er bewirkt weder Umkehr noch Umsturz der allgemeinen Denkschemata. Die Ordnung herrscht. Das gläubige Bewusstsein hält sich an das Lehrgebäude der Scholastik und ordnet menschliches Verhalten nach moralischen Maßstäben. Es will zu allen sprechen und entlarvt so seinen Hegemonialanspruch.

Verstehen wir nun, weshalb all dies einen Großteil unserer Zeitgenossen kaltlässt? Sie mögen als Zuschauer angelockt werden, aber sie merken bald, dass sie nichts beizutragen haben. Diese Ohnmacht kommt noch zu jener hinzu, die sie in anderen Lebensbereichen empfinden. Also halten sie sich zurück. Deshalb erfordert die religiöse Indifferenz nicht in erster Linie pastorale Strategien, vielmehr fragt sie den Glauben in dem an, was seine tiefste Wirklichkeit ausmacht.

Ein beunruhigter Glaube

Von nachdenklichen Atheisten, die fähig sind, entgegengesetzte Theorien aufzustellen, lassen sich Gläubige durchaus gerne stören und hinterfragen. Das Niveau der intellektuellen Debatte empfinden sie als anregend. Doch die Indifferenz stört sie kaum. Ihre Stärke sind nicht Theorien, und die

---

[4] Anm. der Übers.: Rouet bezieht sich hier vermutlich auf die Wahl von Papst Franziskus im März 2013 – kurz vor Erscheinen dieses Buches in Frankreich.

große Zurückhaltung, in der sie sich ausdrückt, wird nur hier und da von Kunstwerken, Filmen, Theaterstücken oder Gemälden aufgebrochen, die diejenigen in Harnisch bringen, die sich einer ernsthaften Analyse verweigern und darin nur Provokation oder Konfrontation zu erkennen vermögen. Von Letzteren als organisierte Religionskritik abgestempelt, besitzt der Inhalt dieser Produktionen in den Augen der Gläubigen keinerlei besondere Bedeutung. Sich von der Indifferenz gestört zu fühlen, kommt den christlichen Gemeinschaften nur dann in den Sinn, wenn ihnen schmerzlich bewusst wird, wie sehr ihre Zahl abnimmt und wie überaltert sie sind. Von echter Beunruhigung jedoch keine Spur.

Das gilt allerdings nur für die subjektive, von den Gläubigen empfundene Beunruhigung. Um sie geht es mir hier nicht. Die von der Indifferenz ausgelöste Beunruhigung ist in erster Linie *objektiv*, das heißt, sie betrifft den Akt des Glaubens und die Weise, ihn in der Gesellschaft auszudrücken. Diese Objektivität wird selten in Betracht gezogen. Sie ist jedoch die Ursache für die wirklich entscheidende Beunruhigung. Der Wandel, der sich gerade vollzieht, ist beispiellos. Er erschüttert die seit sechzehn Jahrhunderten bestehende Beziehung zwischen Religion, Macht und Kultur.

In der Vielfalt ihrer Ausdrucksmöglichkeiten fördert jede Kultur Erscheinungsformen des Glaubens, die, so flüchtig sie sein mögen, doch immer wieder aufgenommen, gegengelesen und neu umgesetzt werden. Ein langer Reflexionsprozess relativiert im Lauf von Jahrhunderten die Synthesen einer Epoche und lässt Glaubensinhalte und Sitten zur alltäglichen Normalität werden. Seit dem 4. Jahrhundert gewinnt das Christentum an Raum, teilweise nur lose gestützt auf die Vertreter der weltlichen Macht, teilweise bis hin zur Verschmelzung. Kaiser, Könige und Fürsten unterstützten die Kirche, die Gläubigen und ihre Werke. Vom „Pontifex Maximus" bis zum „Allerchristlichsten König" bleibt die Kontinuität gewahrt, trotz der Sprünge und Launen der Geschichte. Vom Konkordat einmal abgesehen, wusste auch das 19. Jahrhundert den gesellschaftlichen Nutzen der Werke und den moralischen Wert des religiösen Empfindens zu schätzen. Heute kann sich die Kirche nicht mehr an die zivile Macht anlehnen: Die gegenseitige Hilfe ist nicht mehr selbstverständlich. Es ist schwer zu ermessen, was diese Entwicklung, die zunehmend Fahrt aufnimmt, an Neuem mit sich bringt. Die Sinnhaftigkeit der Dogmatik nimmt ab: Niemand sucht heute in der Bibel nach Argumenten für oder gegen die Evolution der Arten und mithin auch der menschlichen Spezies. Ohne Hilfe von außen muss die Religion in sich selber ihre Kräfte finden. In ziviler Hinsicht ist sie praktisch machtlos: Sie hat keinen weltlichen Arm mehr, der für sie Häretiker verbrennt. Sie kann protestieren, aber nichts mehr erzwingen.

Als der Glaube und eine an einen Stil kirchlicher Präsenz angepasste Form gesellschaftlichen Lebens zusammenfielen, konnte die Gesamtheit dieser Gesellschaft noch meinen, eine Art „absolute Grundlage" für die Ordnung zu besitzen, für die Hierarchie der Werte und die daraus entspringenden Entscheidungen. Unsere Zeit denkt, dass sie diese Grundlage nicht mehr erreichen, aber auch nicht auf sie verzichten kann. Gott spielt nicht mehr die Rolle des Garanten, der den letzten Sinn der Gesellschaft gewährleistet.[5] Es entwickelt sich eine Religiosität ohne Zugehörigkeit, will sagen: „die Andersheit einer Transzendenz"[6] jenseits der von Luc Ferry propagierten „horizontalen Transzendenz"[7]. Daraus ergeben sich zwei Konsequenzen: Die Religionszugehörigkeit entfaltet sich in unabhängigen Netzwerken, außerhalb der Kontrolle der Institution; und diese Religiosität treibt dann ohne Wurzeln und Bodenhaftung in ihrem eigenen Universum.

Was hier in Unruhe gerät oder getrübt wird, ist das Bewusstsein, über den gesellschaftlichen Status hinaus Teil eines Ganzen zu sein. Wer Christ ist, unterscheidet sich nicht mehr klar von Menschen, die anderen Gruppierungen angehören. Es gibt kein Kirchenschiff mehr, dass das Drinnen vom Draußen scheidet; zwischen dem Land und den Fluten des Meeres ragt keine Steilküste auf, sondern dehnt sich eine weite Sumpflandschaft, ein Delta, ein Mangrovenwald, wo das Gewirr aus Lebewesen und kleinen Inseln irgendwo zwischen dem festen Boden und der hohen See einen beweglichen Raum entstehen lässt. Die Grade der Zugehörigkeit variieren je nach Gezeiten oder nach dem Wasserstand der Flüsse. Deshalb erscheint die christliche Identität getrübt oder unentschlossen. Das hat Auswirkungen auf die Gruppe der Gläubigen und auf ihre Art und Weise, den eigenen Glauben mitzuteilen. Problematisch wird es, wenn Gläubige es für nötig halten, ihre Identität durch demonstrative Abgrenzung zu betonen.

Dieser äußeren Beunruhigung des Glaubens entspricht die innere Beunruhigung im Herzen des Glaubensaktes. Die Wasser, von denen die Bilder sprechen (Mündung, Delta, Mangrove), sind alles andere als kristallklar! Die Umweltforschung zeigt es: Einerseits geht es darum, reine Quellen

---

[5] Vgl. Marc-François Lacan, *Dieu n'est pas un assureur*, Paris, Albin Michel, 2010, p. 50–86.
[6] Vgl. Charles Taylor, *L'Âge séculier*, Reihe, Paris, Le Seuil, coll. „Les Livres du nouveau monde", 2011, p. 1065–1084 [dt. Ausg.: *Ein säkulares Zeitalter*, Frankfurt a. M., 2012].
[7] Anm. d. Übers.: Zu Luc Ferry s. o. S. 15, Fußnote 3.

zur Trinkwassergewinnung zu erschließen, in anderen Bereichen geht es gerade um den Erhalt der schlammigen und fruchtbaren Gewässer der Deltalandschaften. Dieses Bild erhellt unser Thema. Denn der Glaubensakt, eine Gabe Gottes, wird üblicherweise als etwas Einfaches dargestellt. Das bedeutet jedoch zu vergessen, dass diese ursprünglich einfache Gabe Gottes auch tonhaltige Böden bewässert, Felsen, Prärielandschaften ... Mit anderen Worten, sie ist in der konkreten Existenz nicht völlig transparent. Sie vermengt sich mit dem Verstand, den Gefühlen, der Leiblichkeit. Ein Glaube, der sich nicht auf die Undurchsichtigkeiten des Lebens einlässt, ist kein inkarnierter Glaube. Absolute Transparenz gibt es im menschlichen Leben nicht.

Im Glauben nur durchsichtige Einfachheit zu sehen, läuft darauf hinaus, sich des Subjekts ohne sein Zutun zu bemächtigen. Schauen Sie sich moderne Kirchen an: Wie in einem Klassenzimmer oder in einem für die Oper geschaffenen Theatersaal sieht jeder jeden. Es gibt keine Säulen mehr, keine Winkel, um sich zu verbergen, um weinen zu können. Ein Glaube von der Art dieser Räume ist eine klar definierte Anschauung ohne Geheimnis, in der alles Schwere im Menschen, sein Zaudern und sein Zweifeln, ausgeräumt ist. Mit christlichem Glauben hat diese Anschauung nichts mehr zu tun. Als Glaube an einen menschgewordenen Gott beansprucht christlicher Glaube niemals völlige Transparenz, er ist in diesem Sinn niemals „reiner" Glaube. Darin liegt die innere Beunruhigung des Glaubens als subjektiver Akt.

Interessant ist nun, dass sich die Indifferenz gerade der Forderung nach Reinheit, Eindeutigkeit und Durchschaubarkeit verweigert. Sie will den individuellen Raum mit seinem ganz persönlichen Geheimnis schützen. Sie öffnet sich nicht, weil sie nicht vereinnahmt werden will. Damit beunruhigt sie die allzu schnellen Gewissheiten, die lückenlosen Darlegungen, die rückhaltlosen Zustimmungen. Sie verteidigt die menschliche Komplexität. Sie misstraut Übertreibungen. Auf diese Weise erzwingt sie ein neues Nachdenken über den Glauben, seine Verflechtungen mit dem Menschlichen, seine Unebenheiten, Unsicherheiten und sein Schamgefühl.

Die Beunruhigung betrifft den Glaubenden in seinem Menschsein, daher ist sie auch in der Bibel präsent. In absolut reinen Wassern, so scheint es, entwickelt sich kein Leben. Ein glasklarer Glaube, der keine Verfinsterung kennt, wüsste sofort, was zu tun ist, und wüsste nichts von der Dunkelheit und den tastenden Suchbewegungen, die dem menschlichen Bewusstsein innewohnen. So erzählt die Apostelgeschichte davon, wie Paulus sich Schritt für Schritt auf die Heiden zubewegt. Petrus muss seine anfänglichen Vorbehalte überwinden (Apg 10,14). Paulus seinerseits muss abwarten, dass sich eine Struktur der Gemeinden in Korinth nach dem Muster der in der Stadt herrschenden Klientelwirtschaft (1 Kor 1,11) herausbildet, bevor er ihre Existenz verurteilt. Von den Römern dagegen verlangt er, die gesellschaftliche Ordnung auf keinen Fall zu stören (Röm 13,1). Bevor er an die Galater schreibt (Gal 2,20): „Nicht mehr ich lebe, sondern Christus lebt in mir", steht er die Anfeindungen falscher Brüder durch, die lieber heute als morgen zur Anwendung des alten Gesetzes zurückkehren wollen. Auch mit Petrus gerät er über die Gesetzesfrage in einen Konflikt (Gal 2). Mit anderen Worten, er bewegt sich im Glauben, nicht in der Evidenz, mit gerade so viel Klarheit, wie sie ihm seine Treue Schritt für Schritt verschaffen kann: „Jetzt schauen wir [...] und sehen nur rätselhafte Umrisse" (1 Kor 13,12).

Eben dieses Halbdunkel, diese getrübte Klarheit ist es, die durch die Indifferenz in den Vordergrund rückt. Mit einer gewissen Naivität wundern oder empören sich Gläubige darüber, dass ihre Art zu glauben, die ihnen selbst so unmittelbar einleuchtet, die anderen gar nicht oder allenfalls als Kuriosum interessiert. Man müsste einmal analysieren, wie es dazu kommen konnte, dass einen Glauben, der von Natur aus nie transparent ist, ein solcher Nimbus umgibt, und welche philosophischen und kulturellen Strömungen ihm zum Status einer nicht zu bezweifelnden Realität verholfen haben. Ein Glaube, der keine Wüste durchquert, der die Tränen vom Ölberg nicht kennt, der sich niemals verraten oder verlassen fühlt – welche christlichen Prägungen trägt ein solcher Glaube noch? Inwiefern wäre er überhaupt ein *Glaube*, da er dann doch eine Gewissheit ist?

Die Indifferenz macht diese Beunruhigung des Glaubens, seine Nicht-Transparenz sichtbar. Wer sich nicht für den Glauben interessiert, hält dem Gläubigen in gewisser Weise einen Spiegel vor: Er führt ihm nicht nur die noch unbekehrten Teile seines eigenen Selbst vor Augen, sondern, schärfer noch, die Tatsache, dass der Glaube an sich nicht nach den Regeln der Evidenz gelebt wird (2 Kor 4,18): „Glaube aber ist: Grundlage dessen, was man erhofft, ein Zutagetreten von Tatsachen, die man nicht sieht" (Hebr 11,1). Für den Verfasser des Hebräerbriefs entdeckt der Glaube Schritt für Schritt, worin die Hoffnung besteht, die er verkündet (vgl. Röm 8,25).

Und die Hoffnung ist es, die heute in Frage steht, das haben wir gesehen. Folglich müssen wir, ehe wir von einem Glauben sprechen, dessen Bedeutung der Uninteressierte oft nicht sieht, uns zunächst die Hoffnung vornehmen, besser gesagt, ihr Fehlen.

Kapitel 4: Die Beunruhigung akzeptieren

Schwierige Hoffnung

Die Hoffnung braucht Raum – nicht, um einen Gipfel zu erobern, sondern einen Horizont, der sie anzieht. Und zwar einen sozialen Horizont, der Beziehungen mit sich bringt. Es ist gewagt, von Hoffnung zu sprechen in einer vom Individualismus geprägten, dem Gesetz des Unmittelbaren unterworfenen Gesellschaft, deren Organisation, deren Projekte und Realisierungen sich der Mehrheit ihrer Mitglieder entziehen. Diese Zeit ist nicht günstig für eine Revolte, denn um zu revoltieren, braucht man eine Hoffnung, die über das Heute hinausgeht und das Morgen herbeisehnt. Was bleibt da noch – außer dem Rückzug in die Indifferenz? Es ist hilfreich, in diesem Zusammenhang zwischen *Espoir* und *Espérance*, Zuversicht und Hoffnung, zu unterscheiden.

Die Zuversicht sucht nach Verbesserungen: Anerkennung zu bekommen, im Urlaub schönes Wetter zu haben, seinen Arbeitsplatz zu behalten, wieder gesund zu werden. Sie richtet sich auf die aktuelle Situation, ohne etwas Grundlegendes ändern zu wollen. Darin ähnelt sie der Umkehr im primären Wortsinn: Man wählt einen besseren Weg und wendet sich damit von den Gefahren des zuvor eingeschlagenen Weges ab. Deshalb kommt es in manchen Bereichen zu vielfältigen Kehrtwenden. Das ist auch der Grund für den relativen Erfolg von Bewegungen, die stark auf Emotionalität setzen, und von Gruppen, die Sicherheit geben, indem sie die Erinnerung an die Vergangenheit stärken. In diesem Sinne verschärft die Zuversicht Rückzugsphänomene. Hier lauern Fallen, und letztlich geht die Indifferenz gestärkt daraus hervor.

Es ist seltsam, welche utopischen Vorstellungen die offiziellen – oft sogar kirchlichen – Diskurse vertreten, wenn es um den Menschen als Abstraktum geht; und wie harsch dieselben Diskurse den konkreten Menschen kritisieren, dem sie vom Materialismus bis hin zum Hedonismus alle schlimmen Verfehlungen vorwerfen. Diese doppelte Sprache bedeutet vor allem, dass der reale Mensch nicht den auf ihn projizierten Wunschvorstellungen entspricht! Wie kann man wollen, dass er oder sie den Belobigungen glaubt und die Vorwürfe akzeptiert? Die einen wie die anderen gleiten an ihm ab. Hier offenbart sich eine tiefe Ignoranz, ja Verachtung für die realen Menschen auf Seiten derer, die über sie sprechen.[8] Keine Einstellung ist weiter entfernt vom Evangelium als diese.

---

[8] „Das Reale ist anders als das Sein. Es ist das, was der Existenz einen Sinn gibt. Es ist in einem Bereich zu verorten, dessen Erfahrung allen offensteht, der Beziehung: in der Beziehung zwischen Kindern und Eltern, zwischen Mann und Frau, zwischen Freunden,

Die Hoffnung ihrerseits sieht etwas anderes, wenn sie die Menschheit in den Blick nimmt. Sie entwirft keine Utopie, sie nimmt einen anderen Blickwinkel ein. Wo die Zuversicht Passivität erzeugt, erzeugt die Hoffnung eine Dynamik. Sie verändert die Achse einer Welt, sie etabliert ein anderes Menschenbild. Aber wie sieht das konkret aus, wenn wir uns nicht in Träumereien verlieren wollen?

Ein Blick auf das Matthäusevangelium kann uns hier vielleicht weiterhelfen. Immer wieder begegnet uns Jesus hier als einer, der „Mitleid" zeigt gegenüber den vielen, die bedrückt und hungrig sind (Mt 9,36; 14,14; 15,32), oder gegenüber den Kranken (Mt 20,34). Er wirft dem zahlungsunfähigen Knecht, dem seine Schulden erlassen wurden, vor, kein Mitleid gegenüber einem seiner Mitknechte zu empfinden, der ihm eine viel kleinere Geldsumme schuldete (Mt 18,33). Auch im jüdischen Gebet (z. B. Ps 51) nimmt der Begriff des Mitleids viel Raum ein und hat von dort aus Eingang in die christliche Liturgie gefunden („Herr, hab Mitleid!" [in der deutschsprachigen Liturgie: „Herr, erbarme dich!"]). Im heutigen Sprachgebrauch hat das Wort allerdings keinen guten Ruf! Allzu oft in paternalistischem Ton wiederholt, ist es gekünstelt, hat einen rührseligen, ja herablassenden und bevormundenden Klang. Das ist schade, denn gerade in Beziehungen ist „Mitleid" ein sehr wichtiger Begriff. Im Hebräischen wie im Griechischen verbirgt sich hinter diesem Begriff das Bild vom umgedrehten Magen, den in „Bewegung geratenen" Eingeweiden, der Erschütterung des Herzens angesichts des Unglücks eines anderen Menschen. Das lateinische Wort *misericordia* bleibt nahe am Elend [französisch *misère*] und verweist auf die Offenheit des Herzens und die Weigerung, sich in sich selbst zu verschließen. Ein reiches Herz verbarrikadiert sich, ein armes Herz bleibt verfügbar; sein Zugang ist offen. Hinzuweisen ist auch auf ein anderes Wort im Französischen, *pitié*, das nicht von *misericordia* kommt, der Anteilnahme des Herzens am Unglück des anderen, sondern von *pietas*, dem Empfinden, das Göttern und Eltern geschuldet ist und das im Alten Rom so hoch angesehen war, dass aus dem römischen Helden Aeneas, dem Helden par excellence, bei Vergil der *pius Aeneas* (der „fromme", der selbstlose, der pflichtbewusste Aeneas) werden konnte. Mitleid und Frömmigkeit sind also [im Französischen] zwei Seiten ein und derselben Medaille.

Mitleid ist ein zutiefst menschliches Gefühl. Für Rousseau (*Discours sur l'origine de l'inégalité*) ist es das erste natürliche Gefühl dem anderen

---

zwischen Arbeitskollegen" (Marc-François Lacan, *La vérité ne s'épuise pas*, Paris, Albin Michel, 2010, p. 292).

gegenüber, weil es dafür steht, dass ein Mensch den anderen als seinesgleichen wahrnimmt. Von all dem ist jenes als Herablassung verstandene Mitleid weit entfernt! Technik und Naturwissenschaften können mit Mitleid nichts anfangen, müssen es sogar im Namen ihrer Objektivität ignorieren. Doch sobald es um den Menschen geht, ist eine rein sachlich-fachliche Kompetenz, so nützlich sie sein mag, nicht alles. So mögen Ärzte einen Patienten, eine Patientin wirksam behandeln, doch zur Heilung im umfassenden Sinne gehört ihre Rückkehr in die Gesellschaft; erst dann kann das Subjekt seinen Platz wiederfinden, wieder Fuß fassen. Behandeln und heilen bedeuten nicht das gleiche.[9] Und das gilt für alle Beziehungen zu Menschen, denen das Leben übel mitgespielt hat. Dort, wo Menschen einen Gutteil ihrer Zeit dem Zuhören, dem Gespräch widmen, wird das erlebt. Mitleid füllt als persönliche Begegnung „mit" einem anderen jenen Leerraum, den eine „Behandlung", eine rein technische Maßnahme „am" anderen hinterlässt. Mitleid haben heißt nicht, in Paternalismus zu verfallen, und auch nicht, sich täuschen zu lassen von vermeintlichen Bedürfnissen, es heißt, sich als Bruder, als Schwester zu erweisen. Das Unglück eines anderen berührt das Menschsein dessen, der ihn aufnimmt. Umgekehrt erkennt dieser im anderen, jenseits seiner Verletzungen, dasselbe Menschsein.

Menschen, die in religiöser Hinsicht als „indifferent" bezeichnet werden, erwarten anderes als kritische Analysen. Sie brauchen keine pauschalen Verurteilungen, die häufig in Gestalt von *-ismen* daherkommen (Materialismus, Hedonismus usw.). Sie brauchen vor allem anderen Anerkennung als Brüder und Schwestern im Menschsein. Nicht alle warten darauf, dass man ihnen hilft. In erster Linie sind sie nicht Indifferente, sondern einfach Menschen, die kämpfen, um zu existieren, und die versuchen, so gut sie eben können mit den Härten des Lebens zurechtzukommen. Sie als Schwestern und Brüder zu behandeln, weit entfernt davon, alles an ihrer Stelle zu tun und sie so in Abhängigkeit zu halten, gibt ihnen ihre Freiheit und ihre Verantwortlichkeit zurück. Haben wir uns schon einmal gefragt, weshalb Jesus so großen Wert darauf legt, dass die von ihm Geheilten selbst die ersten Schritte in ihrer neuen Verantwortung für ihr Leben tun? Er tut es, weil er ihnen die Zuständigkeit für ihr Leben zurückgibt. Deshalb gebietet er ihnen, dass sie selbst ihre Liege tragen (Mt 9,6; Joh 5,8 usw.) oder die vorgeschriebenen Schritte tun (Mt 8,4). Zu den Sündern,

---

[9] Vgl. *Soigner et guérir*, Actes du colloque pour le 11e centenaire de la faculté de médecine de Poitiers, Poitiers, Éditions Gilbert de la Porée, 2010.

denen er vergibt, sagt er: „Geh!" (Joh 8,11) und eröffnet ihnen so einen Weg. Er bindet sie nicht an sich (Mk 5,18–19). Auf diese Weise zeigt ihnen Jesus sein Vertrauen: Er glaubt an sie. Von nun an nehmen sie in Freiheit ihr Leben selbst in die Hand. Viele Glaubende würden die Indifferenten gerne bekehren, damit sie ihr Misstrauen aufgeben und auf ihre Seite wechseln. Derartige Absichten sind Jesus fern. Was ihn interessiert, ist, dass die gebeugten, an ihren Lasten schwer tragenden Menschen Erleichterung finden. Und er verweist darauf, wie leicht sein Joch ist. (Mt 11,28–30) Seine Botschaft ist also eine zweifache: Die Leute sollen von ihren Lasten befreit werden; und wenn sein Wort eine Last ist, so wiegt diese doch nichts im Vergleich zu dem, worunter Menschen leiden. Er sagt es ihnen, und er lässt sie frei, weiterzugehen oder nicht. Er bekundet ihnen sein Vertrauen: Vertrauen darauf, dass sie sich aufrichten und ihrer Freiheit trauen. Damit zielt er über das hinaus, was sie in sich selber verschließt. Er sieht weiter als ihr Gefangensein in Krankheit, Demütigung und Schuld. Er sieht in dem Menschen, der am Boden liegt, seine Würde, die unveräußerlich ist. Und er appelliert an das, was diese Person zutiefst in sich trägt.

Auf diese Weise schenkt Jesus ihnen Hoffnung durch das Vertrauen, das er ihnen bekundet. Er gibt sie sich selbst zurück, macht die Schicht, mit der sie sich schützen, durchlässig und berührt ihr Herz. Sein Mitleid richtet sie auf. Die Größe des von ihm geschenkten Vertrauens kommt nur dem Raum an Freiheit gleich, den er vor ihnen eröffnet, dem grenzenlosen Horizont, den er ihnen vor Augen stellt. Damit geht er das Wagnis ihrer Freiheit ein, die sie, in einem zweiten Schritt, dazu bewegen wird, denjenigen anzuerkennen – oder nicht –, der sie zu sich selbst ins Leben gerufen hat (Lk 17,1–19). Von zehn geheilten Aussätzigen wird nur ein einziger, ein Samariter, diese Anerkennung bezeugen.

Kapitel 5
Die Existenz verkosten

> „Es ist nur ein und derselbe Glaube,
> ihn kann nicht vermehren, wer viel versteht zu reden,
> nicht vermindern, wer wenig spricht."
> Irenäus von Lyon, *Contre les hérésies,* I, 10, 2[1]

Die *Causses*[2] ächzen unter der Sonne. Der Wind hat den Tau getrocknet. Keine Quelle, kein Fluss. Die Bäche verlieren sich unter der Erde. Tropfen für Tropfen sickert das Wasser durch den Kalk, um sich in der Tiefe zu stillen Teichen zu sammeln. Kaum, dass hier oder da ein grüner Streifen Feuchtigkeit eine leichte Erhebung besetzt, wo sich zwei oder drei Bäume stur ans Überleben klammern. Dieses geologische Phänomen ist in vielen Jahrtausenden entstanden. Hier und da kommt es zu gefährlichen Einstürzen, durch die sich Karsthöhlen und -trichter gebildet haben. Die Abgründe und Aufschichtungen entzücken Höhlenforscher und Touristen.

Diese Landschaft liefert ein anschauliches Gleichnis für die Situation der globalisierten Welt, in der wir heute leben: die trockene Oberfläche, die schattigen Tiefen. Nur, dass die menschlichen Tiefen wahrscheinlich verborgener sind als die Bereiche unter der Erde. Gleichwohl ist der Kontrast zwischen der Kargheit der Oberfläche und der kühlen Frische des Untergrunds – mit der doppelten Gefahr von Trockenheit und Hochwasser – hilfreich, um eine doppelte Unzufriedenheit zu verstehen: den Mangel an Wasser einerseits und die Unvorhersehbarkeit seines Ansteigens andererseits. Auf diese Weise führt uns das Bild die doppelte Konsequenz einer als Globalisierung betriebenen Mondialisierung[3] vor Augen: den Mangel und den Überfluss.

Die Globalisierung provoziert gewalttätige Reaktionen gegen ihre Endlosigkeit und Einförmigkeit. Sie nimmt der Menschheit ihre kulturelle

---

[1] Irenäus, Gegen die Häresien (BKV) (Contra Haereses) I, 10, 2. Zit. nach: https://bkv.unifr.ch/works/18///divisions/111824.

[2] Anm. d. Übers.: Die *Causses* sind eine Kalkhochebene im Südwesten Frankreichs.

[3] Anm. d. Übers.: Im Französischen wird oft zwischen der *mondialisation*, verstanden als Zusammenwachsen der Welt allgemein, und der *globalisation* im Sinne eines durch das Zusammenwachsen der Welt erst möglich gewordenen internationalen Kapitalismus unterschieden.

Vielfalt und lässt Quellen für kollektives Bewusstsein versiegen. Dagegen wehren sich Bevölkerungsgruppen, indem sie ihre kulturelle Identität verteidigen und sich vermehrt den eigenen religiösen Traditionen zuwenden und sich darin verschließen. Solche Reaktionen beeinträchtigen die Aufmerksamkeit für die unverzichtbaren humanisierenden Beziehungen, vor allem verhindern sie, dass „Mitleid" entstehen und wachsen kann. Hinzu kommt ein anderer Aspekt der Globalisierung. Sie macht immun gegen die Wahrnehmung dessen, was das Erlaubte vom Verbotenen trennt, und sie untergräbt das Bewusstsein der Schuldhaftigkeit, weil sie die Meinung nahe legt, dass das, was anderswo geschieht, auch hier zulässig ist. Sie erstickt das Gefühl, etwas falsch zu machen, und legitimiert das, was von ihr als richtig vorgestellt wird. So wird zum ersten Mal in der Geschichte die Spekulation mit Grundnahrungsmitteln (Weizen, Reis ...) gutgeheißen und als ein ganz normaler Vorgang hingestellt. Eine vernünftige moralische Reaktion aber verlangt, das Bewusstsein von Schuldhaftigkeit zurückzugewinnen: Die Gesetze des Marktes müssen sich dem, was die Menschheit zum Leben braucht, unterordnen: Es geht darum, den Hunger zu stillen, den Zugang zu sauberem Wasser sicherzustellen und jedem ein Dach überm Kopf zu ermöglichen. Dass ein Drittel der Menschheit nicht mit diesen Dingen des täglichen Bedarfs versorgt ist, ruft eine ungeheure Empörung hervor: Den einen fehlt es am Unverzichtbaren, die anderen wollen ihre Gewinne steigern und ihr Imperium ausdehnen. Der Graben, der sich hier auftut, und das Ungerechtigkeitsempfinden, das er hervorruft, ist nicht spezifisch religiös. Hier steht das Bekenntnis zum gleichen Recht und zur gleichen Würde aller Menschen auf dem Prüfstand, das sich aus der *Allgemeinen Erklärung der Menschenrechte* ableitet. Dem Mangel an Antworten auf die Grundbedürfnisse der Menschen steht ein Überschuss an religiöser und identitätsbezogener Selbstbestätigung gegenüber, als ob die Berufung auf Gott, auf die Ethnie oder auf die Nation ein Heilmittel sein könnte. Wenn das Schweigen der Besitzenden den Graben auf dem Erdkreis ständig vergrößert, dann besteht die Gefahr, dass die identitätsbezogenen Reaktionen der anderen zu Sturzbächen von Gewalt führen, die die Freiheit mit sich reißen: die Freiheit, schöpferisch zu sein, zu glauben, nicht zu glauben, auf der Suche zu bleiben ...

Viele suchen den Sinn ihres Lebens (und das Wort „Sinn" ist heute erstaunlich populär) außerhalb der Religion, genau genommen außerhalb aller religiösen Systeme,[4] denn sie reagieren allergisch auf jedes System. Sie wollen sich eher davor schützen – so wie sie sich vor einem Verhängnis schützen wollen. Dem Verhängnis etwa, keine oder nur eine zeitlich begrenzte Arbeit zu bekommen oder eine Arbeit unter ungerechten Bedingungen. Sie wollen sich schützen vor dem, „was passiert", ohne dass sie es beherrschen oder beeinflussen können. Deshalb flüchten sie sich in die vielen vermeintlichen Sinnerfüllungen, die unsere Welt bietet: „In einer so schrecklichen Welt wie dieser reduziere das Gefühl. [...] [Suche] diesen instinktiven Rückzug in die Gefühllosigkeit, als Schutz gegen den Schmerz".[5]

Die Frage ist, wie diese Schutzsuche in eine andere Richtung gelenkt werden kann. Die verstärkte Betonung der eigenen Identität erwächst aus der Ablehnung des anderen. René Girard[6] vertritt die These, dass sich der Wettbewerb in einer individualistischen Gesellschaft dadurch verschärft, dass ihre Mitglieder die gleichen Dinge haben wollen – und sei es nur einen Parkplatz. Weil viele Menschen einer egalisierenden Ähnlichkeit entgehen wollen, wetteifern sie miteinander um Dinge, die sie angesichts der anderen an Individualität gewinnen lassen. Die Gewalt verdoppelt sich also. Eine ähnliche Dynamik lässt sich bereits im 12. Jahrhundert beobachten: Im Zuge der von Papst Gregor VII. (1073–1085) initiierten gregorianischen Reform mündete seinerzeit der Ehrgeiz der Kirche, sich gegenüber der Welt der Laien als „vollkommene und hierarchische Gesellschaft" zu etablieren, in die Ausgrenzung der anderen: der Juden und der Muslime.[7] Die theoretische Grundlage dafür lieferte Petrus Venerabilis, ein Abt des mächtigen Klosters von Cluny.

Auch in unserer Gesellschaft ist die Existenz von Gewalt und Fremdenfeindlichkeit nicht zu leugnen. Besonders die Vorsichtigen nehmen das Sich-Aufschaukeln von Gewalt und Gegengewalt zum Vorwand, sich zu Hause zu verkriechen und zu warten, bis der Sturm vorüber ist. Elie Wiesel, der die Konsequenzen einer solchen Haltung erlebt hat, schreibt, dass er

---

[4] Insofern ist auch die folgende Bemerkung nur begrenzt gültig: „Vielleicht ist es gerade der Verlust an religiösen Zufluchten, die das Interesse an seiner Person [gemeint ist Jesus] und seinem Mysterium weckt" (Jean-Christian Petitfils, *Jésus*, Paris, Fayard, 2011, p. 10). Jesus ja, aber allein mit mir oder mit meinen Freunden.

[5] Doris Lessing, *Le carnet d'or*, Paris, Albin Michel, 1976, p. 488 [zitiert aus der deutschen Übersetzung: *Das goldene Notizbuch*, Frankfurt a. M., [16]1998, S. 663].

[6] Anm. d. Übers.: René Girard (1923–2015) war ein französischer Literaturwissenschaftler, Kulturanthropologe und Religionsphilosoph.

[7] Vgl. Dominique Iogna-Prat, a.a.O.

Kapitel 5: Die Existenz verkosten **81**

„einer Generation angehöre, die gelernt hat: Wie auch immer die Frage lautet – Gleichgültigkeit und Resignation sind nie die Antwort."[8]
Also muss der Schwierigkeit anders begegnet werden. Die Indifferenz aufzubrechen, heißt, den Mechanismus aufzubrechen, der uns daran hindert, an dem Geschmack zu finden, was wir tun, und vor allem an dem, was und wer wir sind. Geschmack zu finden also auch an dem, was uns unterscheidet. Dem steht die Einförmigkeit entgegen, der Wunsch, normal zu sein, will sagen, sich hineingießen zu lassen in eine gesellschaftliche Gussform, eine Norm. Es gibt die Neigung dazu, in der Normalität zu verschwinden; es gibt aber auch das Streben nach Autonomie – und zwischen beidem eine Spannung. Davon liefert Doris Lessing eine treffende Beschreibung in ihrem Roman *Das goldene Notizbuch*. Im Zusammenhang mit einem Mädchen, das gegen seine Mutter rebelliert, lässt sie das Mädchen zur Mutter sagen:

„‚Ich möchte normal sein, ich möchte nicht so sein wie du.' Sie hatte [so der Kommentar der Schriftstellerin] einen Blick auf die Welt der Unordnung, des Experiments geworfen, wo die Menschen wie Bälle, die unaufhörlich auf der Spitze hüpfender Wasserstrahlen hin und her tanzten, von Tag zu Tag leben und sich für jedes neue Gefühl oder Abenteuer offenhielten; und sie hatte beschlossen, dass das nichts für sie war."[9]

Welche Quelle von Glaubwürdigkeit ist verfügbar?

Indem es das Abenteuer ablehnt, verzichtet dieses Mädchen zugleich auf Allmachtsphantasien. Ihnen zieht es die Logik des Überlebens vor. Es will sich nicht vor den Heldentaten verbeugen, mit denen die „Kämpfer" ihr Leben vergeuden, aber auch nicht den alten Idealen eines geruhsamen und zurückgezogenen Daseins folgen, daher sucht es nach einem Lebensstil dazwischen, der ihm gemäß ist. Die „Hippies" sind verschwunden, „Kämpfer" gibt es nur noch wenige. Der von diesem Mädchen ausgesuchte Raum ist von der Einförmigkeit genauso weit entfernt wie von der betonten Originalität eines Lebens.

Zunächst steht dieser Raum für die Weigerung, sich bedingungslos der Technologie, dem Fortschritt und seinen Errungenschaften, also jenen

---

[8] Elie Wiesel, *Coeur ouvert*, Paris, Flammarion, 2011, p. 86 [zitiert aus der deutschen Übersetzung: *Mit offenem Herzen*, Freiburg i. Br., 2012, S. 88].
[9] Doris Lessing, a.a.O., S. 779 [deutsche Übersetzung].

Idealen zu verschreiben, die die Menschen vor einigen Jahrzehnten noch zu begeistern vermochten. Diese Weigerung führt dazu, das Alltägliche zu schätzen als Verpflichtung, sein Leben voll und ganz zu leben. Um es mit Madeleine Delbrêl[10] zu sagen: Gewöhnliche Menschen leben gewöhnliche Werte, die sie in ihrem gewöhnlichen Leben unterbringen. Das Wichtige entscheidet sich in unwichtigen Dingen. Aus diesen Feststellungen ergibt sich ein entscheidender Punkt: Außerhalb jedes religiösen Systems zu leben, heißt nicht, ohne Spiritualität zu leben. Doch wie ist dieser vage Begriff überhaupt zu definieren?

In Fragen der Spiritualität geht es nicht darum, sich vorrangig auf eine westliche oder eine östliche Schule zu beziehen, aus dem einfachen Grund, dass dieser Weg einer persönlichen Entscheidung entspricht, so, wie auch die Tatsache, keiner bestimmten Richtung anzugehören, auf einer Wahl beruht, die mehr oder weniger in Kenntnis der Sachlage getroffen wurde. Im katholischen Kontext steht diese Wahlfreiheit übrigens im Zentrum zahlreicher Debatten um eine Beurteilung der derzeitigen Veränderungen: Wenn beispielsweise Eltern ihr Kind nicht taufen lassen, weil es sich „später selbst entscheiden" soll, dann fehlt es nicht an guten Gründen, diese Entscheidung zu bedauern. Ganz gleich, ob dies nun Gläubige tun oder Eltern, die sich der Familientradition verpflichtet fühlen – die Taufe aufzuschieben, lässt sich auch positiv sehen. In den Augen der Eltern beruht nämlich der Empfang dieses Sakraments auf einer persönlichen Entscheidung, die niemand für einen anderen treffen kann. Und tatsächlich werden diese Eltern „später" gerne ihre Zustimmung geben, wenn ihr Kind sich entscheidet, zum Taufunterricht zu gehen und sich taufen zu lassen. Sie bleiben ihrer Logik treu. Wer also die Unterlassung der Taufe eines Säuglings kritisiert, dürfte sich konsequenterweise dann nicht über die Taufe eines Kindes freuen. Es sei denn, man wollte, entgegen der alten Tradition, die kein Alter für die Taufe vorschreibt, an einer „frühestmöglichen" Taufe festhalten, wie es tatsächlich bis vor Kurzem noch in den Zeiten eines heute nicht mehr existierenden „Christentums" üblich war.

Doch diese „christentümliche" Welt existiert nicht mehr. Was bleibt? Vor allem die angestrengte Sorge, mit der jeder darauf bedacht ist, dass sein persönlicher Freiraum respektiert wird. Manche werden ihn, um das obige Beispiel noch einmal aufzugreifen, dazu verwenden, ihr Baby taufen zu lassen – was ebenso vertretbar ist wie die entgegengesetzte Ent-

---

[10] Anm. d. Übers.: Madeleine Delbrêl (1904-1064) war eine politisch im Arbeitermilieu engagierte Christin, die ein kontemplatives Leben inmitten der Stadt leben wollte.

scheidung; andere werden diese Freiheit stattdessen nutzen, um die Taufe auf ein Alter zu verschieben, in dem sich das Kind selbst entscheiden kann. Es sei betont, dass diese Darstellung mitnichten darauf ausgerichtet ist, die Säuglingstaufe schlechtzureden. Darum geht es nicht. Es geht nur darum zu erkennen, was sich hinter dieser abwartenden Haltung verbirgt: nämlich der Versuch, dem Kind einen Freiraum und die Möglichkeit zu sichern, in seinem Leben Verantwortung zu übernehmen. In dieser Zurückhaltung reinen Materialismus zu sehen, wäre eine grobe Vereinfachung. Im Gegenteil manifestiert sich darin eine echte spirituelle Dimension, die zeigt, dass ein Mensch mehr ist alles, was durch die Umstände seiner Geburt und seiner Entwicklung determiniert ist.

Eine fruchtbare spirituelle Linie

Unter dem Phänomen der Indifferenz treten, wie wir gesehen haben, existentielle Fragen zutage. Sie beziehen sich nicht mehr auf den Sinn des Lebens im Allgemeinen, sondern auf das *eigene* Leben, das nicht mehr auf dem Altar einer Sache geopfert werden soll. Vielmehr soll es so gestaltet werden, dass es möglich wird, den Alltag in seiner Tiefe zu entdecken und daran Geschmack zu finden

Bei dem, was von außen als Indifferenz wahrgenommen wird, lässt sich erkennen, dass sie in einer spirituellen Dimension wurzelt, die ohne Übertreibung mit der großen Tradition der *École française*[11] in Verbindung gebracht werden kann. Auf den letzten Seiten war wiederholt von den Lasten die Rede, die den Einzelnen niederdrücken. Besonders schwer wiegt es, wenn der Einzelne sich der Verantwortung für seine Geschichte entledigt fühlt, er also den Eindruck gewinnt, dass er nicht zählt und nichts wert ist. Was er als seine „Wirklichkeit" bezeichnet, kommt dem nahe, was Autoren wie Pierre de Bérulle das „Nichts der Kreatur" genannt haben. Sie verstanden es freilich im Verhältnis zur göttlichen Majestät, während unsere Zeitgenossen es im Verhältnis zu den irdischen Mächten empfinden, die die Welt regieren. Zwei Jahrhunderte nach Bérulle schrieb ein anderer Ordensgründer, der heilige Michel Garicoïts:

---

[11] Die *École française* revolutioniert im 17. Jahrhundert das Christentum, indem sie die Erfahrung der Begegnung mit der Menschheit Jesu an die Stelle der Spekulationen über seine Gottheit setzt. Maßgebliche Vertreter dieser Strömung waren Kardinal Pierre de Bérulle (1575–1629), Gründer des *Oratoire de France*, Jean-Jacques Olier, Gründer der Sulpizianer, und Vinzenz von Paul, Gründer der Lazaristen.

„Je vollkommener man ist, desto mehr muss man zunichtewerden [...]. Die Wahrheit ist, dass man nur durch die Tür des eigenen Nichts in den Himmel gelangen kann [...]. Täuschen wir uns nicht: Wären wir auch Apostel, so sind wir doch nur unbrauchbares Werkzeug, das man wegwirft."[12]

Dieses eigentlich sehr moderne Gefühl, „nichts zu sein", bildet die Grundlage einer spirituellen Einstellung, die sich der Ungewissheit der eigenen Existenz bewusst ist. Jeder kann von sich selbst denken, dass er in keiner Weise nötig ist und dass, wäre er gar nicht geboren, das Angesicht der Welt deswegen kein anderes gewesen wäre. Bérulles Intuition stammt aus derselben Zeit wie Blaise Pascals Bemerkungen über die „Zerstreuung": Überwältigt von seiner Nichtigkeit, wendet sich der Mensch von ihr ab und versucht vergeblich, sich durch Vergnügungen und Illusionen vor ihr zu schützen. Ist das nicht dieselbe Rolle, die heute Freizeitbeschäftigungen und Konsum zufällt? Ein Mensch kann sich in ihren Sackgassen verirren, und doch verstärken sie sein Verlangen nach einem Leben, das mehr ist als Vernichtung und Bedeutungslosigkeit. Diese Sackgassen ersticken ihn am Ende, und sein Geld, seine Zeit, sein Leben werden vergeudet. Und doch: Mit seinem Gefühl, alle ihm gewährten Möglichkeiten wahrnehmen zu müssen, lässt dieser Mensch eine echte spirituelle Dimension erkennen – zwar irregeführt, aber real.

Deshalb sollten wir uns vor einer überheblichen Verurteilung des Konsumismus hüten, also nicht die Menschen in ihrem Konsumverhalten stigmatisieren und im gleichen Atemzug das tiefe Verlangen, das sie zum Konsum antreibt, unter Verdacht stellen. Gewiss, der hemmungslose Konsum kann einen Menschen in den Dingen und ihrem unmittelbaren Genuss gefangen halten; gewiss, er erfindet Statussymbole für seine Idole, vom Shampoo bis zum Auto, vom Fußballspiel bis zur Sonnenbräune; gewiss, aber gibt es über all das hinaus nicht doch eine Spur des Verlangens, nach besten Kräften zu leben? Der Mensch ist nicht nur für das Elend geschaffen, und die Verschmutzung eines Flusses ändert nichts daran, dass seine Quelle rein ist! Wenn Jugendliche als Bereich persönlicher Verantwortung nur ihre Neigungen haben, dann darf die Antwort nicht nur die sein, ihren „Hedonismus" zu kritisieren, vielmehr muss ihnen ermöglicht werden, dass sie die Führung in allen Bereichen ihres Lebens übernehmen. Wer sich auf das Schlechte fixiert, wird blind für das, was an Gutem bleibt.

---

[12] Pierre Duvignau, a.a.O., p. 179.

Wenn wir für die offene, unvollendete Seite des Menschen aufmerksam sind, bringt uns das zu einer einfachen Überlegung: Um Menschen zu sagen, was gut ist, muss man ihren Geschmack kennen, muss wissen, was sie gut finden, und zwar nicht aufgrund des äußeren Anscheins, den sie sich geben; vielmehr geht es darum wahrzunehmen, was sie in der Tiefe ihres Herzens ersehnen. Davon haben sie nicht immer ein klares Bewusstsein, meist ist es nur eine Ahnung. Wenn Menschen, die sich als uninteressiert an spirituellen Fragen geben, sich die Zeit nehmen, eine Kathedrale zu besichtigen, Kaugummi kauend und in Shorts, dann genügt es wohl nicht, eine kritische Bemerkung über ihren Anstand an diesem „heiligen Ort" zu machen. Denn die Frage ist doch: Was treibt sie an, ein religiöses Gebäude zu betreten? Vermutlich nicht „die Religion" als dogmatisches, moralisches und rituelles System (mit seinem „Fachpersonal"), sondern mit Sicherheit eher eine grundlegende Frage danach, was die Menschen in alten Zeiten bewegt hat, solche Bauwerke zu errichten. Und auch wenn eine im engeren Sinne religiöse Antwort hier deplatziert wäre – es wäre verfehlt, sich mit historischen Daten und Namen von Bischöfen oder Äbten oder mit architektonischen Fachbegriffen aus der Affäre zu ziehen. Man übersähe damit den tieferen Kern der Frage, die vielleicht darauf zielte, die konkrete Situation der Menschen, etwa der Handwerker, die am Bau beteiligt waren, verstehen zu wollen, ihre Lebenshoffnung, den Druck, der auf ihnen lastete, ihre Kämpfe. Hier bietet sich die Möglichkeit, die menschlichen Qualitäten dieser Baumeister zu entdecken. Das könnte zu einem Zeugnis führen, das am ehesten Neugier weckt und die Frage aufwirft, was eine menschliche Arbeit beseelt, die von einem Werk getragen wird, das sie übersteigt. Doch statt ein solches Nachdenken anzuregen, flüchtet man sich in technische Fragen und ihre Beantwortung: „Dieses Kapitell stammt aus dem Jahr 1044 oder 1047, da streiten sich die Gelehrten!" Eine doppelte Beleidigung: zum einen, weil sich die Zuhörer nicht für einen Streit interessieren, dessen Relevanz sie nicht erfassen und den sie nicht entscheiden können; zum anderen, weil sie lieber wüssten, welche Bedeutung das hat, was sie sehen. Ein anderes Beispiel: Wenn ein kundiger Reiseleiter erklärt: „Das Kapitell zeigt die *Verkündigung!*", so hat er natürlich Recht, denn es ist der Titel dieses architektonischen Details im Kirchenraum. Vielleicht folgt dann noch eine Erklärung zur „Verkündigung" mit einem weiteren „technischen" Verweis auf die Bibel. In einem solchen Gespräch können die Leute aber keine tiefergehenden Fragen stellen; vielleicht werden sie noch fragen: „Was ist das für ein Stein?", aber die Fragen beschränken sich eben auf den Bereich von Äußerlichkeiten und verbleiben damit an der Oberfläche. Das Menschliche wird auf das Maß des Bekannten zurechtgestutzt.

Dieses Beispiel ist eines von vielen. Es zeigt, dass die Indifferenz meistens wie ein Symptom behandelt wird, und nicht wie eine Frage. Obwohl diese das Staunen über den unvollendeten Zustand des Daseins wecken könnte, wird das Feld des Wissens verschlossen. Es offenbaren sich hier *drei schwerwiegende Unzulänglichkeiten* in der Art und Weise, wie die Institutionen das Phänomen der Indifferenz und die impliziten oder expliziten spirituellen Erwartungen zur Kenntnis nehmen.

Die *erste Unzulänglichkeit* besteht darin zu meinen, der Sinn erwüchse aus der Antwort – und nicht aus der Frage. Zu denken, dass der Sinn bereits gegeben wäre und nur von einem Wissenden enthüllt werden müsste, heißt, ganz offensichtlich die Teilnahme der Interessierten zu vergessen. Wenn Jesus fragt: „Was meint ihr?" (Mt 21,28), so bezieht er die Jünger in sein Gespräch ein. Elie Wiesel beharrt auf diesem Punkt: „Es gibt einen Bereich, wo nur die Fragen ewig sind, die Antworten sind es nie. [...] Weil Gott ist, gibt es ihn in den Antworten und in den Fragen."[13]

Vorgefertigte Antworten schränken das Feld der Fragen ein und ersticken die Lebenskräfte, die sie beseelen. Natürlich können sie eine Neugier befriedigen, nicht aber dem Leben einen Anstoß zur Veränderung geben, weil sie oft auf der rein technischen Ebene bleiben, und vor allem, weil das Leben selbst niemals aufhört, Fragen aufzugeben.

Der Sinn allein genügt nicht. Er ist, für sich allein genommen, keine Antwort auf die Frage des Lebens. Auch er muss das Gewicht des Lebens tragen und seinen Preis an Freiheit. Wenn mehrere Sinnantworten möglich sind und damit die Unentschlossenheit genauso wächst wie im anderen Fall die Unerbittlichkeit, dann hilft der Gedanke an die Komplexität des Lebens, das Fragen offenzuhalten. Das Leben erschöpft sich nicht in einem einzigen Sinn, der, weil vom Menschen hervorgebracht, zwangsläufig kleiner ist als der Mensch. Es bewahrt seine Größe durch das Verlangen, das das Leben permanent in Bewegung hält. Das Verlangen eröffnet inmitten der Indifferenz einen Horizont, der die Person, in der es entsteht, über sich selbst hinauszieht.

Die *zweite Unzulänglichkeit* besteht in der Meinung, eine gute Vermittlung von Kenntnissen über die Religion würde genügen, um Geschmack daran zu bekommen, zu leben und zu glauben. Wir leben nicht mehr in der Zeit der Kathedralen und Wissenskompendien. Heute ist das

---

[13] Elie Wiesel, a.a.O., S. 81 [deutsche Übersetzung].

Internet unsere wichtigste Wissensquelle. Die einzelne Existenz ist es, die unsere Zuwendung verlangt, indem wir das Besondere, das Einzigartige einer jeden Person anerkennen. Und in dem, was diese Person an Einzigkeit besitzt, gilt es, das Wesentliche zu finden, das sie im Innersten ihrer selbst mit anderen Menschen verbindet. Die persönliche Geschichte eines Menschen, die natürlich weniger spektakulär ist als die großen Ereignisse, steht hier im Fokus. Die Person spürt, dass sie mit ihrem Namen erkannt ist, wie es bei Jesaja (Jes 62,2) und in der Offenbarung des Johannes (Offb 2,17) heißt. In einer von Komplexität geprägten, zwischen einer Vielzahl von Beschäftigungen hin- und hergerissenen Existenz rührt die Einheit nicht vom Subjekt her, sie erwächst aus dem Dialog mit dem, der dieses Subjekt bei seinem Namen ruft, weil er es kennt. Der Hirte ruft seine Schafe „ein jedes bei seinem Namen" (Joh 10,3). Weit davon entfernt, es als „normal", Teil einer einförmigen Normalität zu sehen, erkennt er ein jedes Leben als in sich vollständig an. Es ist die Beziehung, die in die Komplexität Leben bringt und ihre verstreuten Elemente sammelt in der Spannung auf einen anderen hin.

Diese Anerkennung der Einzigartigkeit besitzt eine gesellschaftliche Dimension. Sie bemüht sich, Bedingungen für ein gemeinsames Leben in Würde herzustellen. Der Ertrag ist nicht der einzige Aspekt der Arbeit.

Arbeit war schon immer mit Mühsal und auch mit Schmerzen im weitesten Sinne verbunden. Arbeit hat schon immer mehr oder weniger wehgetan. Das französische Wort für Arbeit, *travail*, verweist von seinem lateinischen Ursprung her (*tripalium*) auf die Schmerzen der Niederkunft wie auch auf jene der Folter. Eine Arbeit, die in einen Gegenstand oder in einen nützlichen Dienst mündet und Abnehmer findet, schafft Menschlichkeit. Eine Arbeit, die nur ein „Mehrwert" ist und deren „Aufwendung" verringert werden muss, um mit billigeren Arbeitskräften konkurrieren zu können, eine solche Arbeit wird zur Krankheit. Und „man muss halt arbeiten". Im Sinn von „das ist Schicksal". An dieser Formulierung fällt auf, dass die Person, ihre Wünsche, ihre Würde, ihr Stolz völlig ausgeblendet werden. Wer das in aller Schonungslosigkeit bestätigt, weckt Misstrauen, die Angst vor drohender Vereinnahmung. Nur auf der Ebene kollektiven Handelns lässt sich in dieser schwierigen sozialen Frage eine Antwort finden. Auf der Ebene der einzelnen Person verlangt sie einen Umweg: über das Vertrauen.

Oft meinen Gläubige ein wenig unüberlegt, die Bekehrung der Herzen sei das sicherste Mittel, um die Gesellschaft zu verändern. Dabei verwechseln sie die Ebene der privaten Ethik mit der der objektiven Strukturen einer Gesellschaft. Zugleich entbinden ihrer Meinung nach die guten Absichten und individuellen Qualitäten eines Gewählten davon, kollektive Verantwortung wahrzunehmen und die Art und Weise der Ausübung seiner Leitungsaufgaben zu überprüfen. In den Heiligengeschichten wimmelt es von Personen, die als Vorbilder hingestellt werden und es doch zugelassen haben, dass Unrechtssituationen Bestand hatten oder sogar schlimmer wurden. Die Konsequenz ist eine völlige Trennung zwischen privatem und öffentlichem Leben – und man tut damit genau das, was die Laizität [die *laïcité à la française*] fordert![14]

Die *dritte Unzulänglichkeit* betrifft den Blick, den die Kirche auf die Personen richtet. Allzu oft noch hockt sie beleidigt auf dem Aventin[15], von dem aus sie urteilt, bevor sie Anteil nimmt, mit-lebt, sich Freude und Trauer zu eigen macht. Wer kann sich berühren lassen, wenn er von oben herab und aus weiter Entfernung zuschaut? Die Aufmerksamkeit für das ganze Leben der Menschen, verbunden mit der Zuwendung zu dem, was es im Innersten ausmacht, braucht eine neue Einstellung. François Soulage hat kürzlich in einem Buch ein Beispiel für eine solche Veränderung beschrieben:[16] Wie seit Jahrzehnten üblich, organisiert die französische *Caritas* mancherorts Kleiderkammern, wo nicht mehr benötigte Kleidungsstücke gespendet werden können, um sie an jene weiterzugeben, die sie brauchen. Diese Geste erinnert an den heiligen Martin und ist höchst ehrenwert, trotzdem behielt sie in der Art und Weise ihrer Organisation etwas Herablassendes. Auf Drängen von freiwilligen und angestellten Helfern wurden diese Kleiderkammern deshalb nach und nach in solidarische Krämläden umgewandelt, wo die Verantwortung auf viele Schultern verteilt wird; die Mahlzeiten werden geteilt, und jeder kann das Wort ergreifen. Dieser Wandel ist ein gutes Beispiel dafür, wie Menschen, statt sich mit einer Geste weit weg von den Armen zu begnügen, riskiert haben, sich auf ein Miteinanderteilen mit ihnen einzulassen, nicht im direkten Gegenüber, sondern, wie im Stil eines Gleichnisses, über den Umweg

---

[14] Das Gebet nach der Kommunion am Fest der heiligen Birgitta von Schweden (23. Juli) ruft dazu auf, „das Bild der neuen Menschheit in diese Welt zu tragen". Die Schöpfung liegt in Geburtswehen (Röm 8,22). Dem Zweiten Vatikanischen Konzil zufolge hat Christus „die ganze menschliche Gesellschaft erneuert" (*Dekret über Dienst und Leben der Priester*, 12).

[15] Anm. der Übers.: Französische Redensart, die damit zu tun hat, dass sich die Plebejer einst auf den Aventin zurückzogen, als es zu kämpfen galt, um den Herrschenden zu zeigen, dass sie sich immer noch zurückgesetzt fühlten.

[16] Vgl. François Soulage, Guy Aurenche, *Le pari de la fraternité*, Ivry-sur-Seine, Les Éditions de l'Atelier, 2012.

Kapitel 5: Die Existenz verkosten **89**

einer symbolischen Dimension, um auf diese Weise mit ihnen so weit wie möglich weiterzugehen, mit Diskretion und Respekt. Auf diese Weise kann eine Art der Präsenz und Begleitung entstehen, bei der sich jeder frei von Angst und ohne seine eigenen Verletzungen zu verstecken darauf einlässt, demütig, „voll Mitleid", in den Raum der Menschen hinabzusteigen. Ähnlich hat es der Theologe Michel Evdokimov bei einem Kolloquium am 6. März 2012 formuliert: „Die einzige Botschaft, die den Menschen heute erreichen kann, ist die von Christus, der in die Unterwelt hinabsteigt." In seiner eigenen Unterwelt bleibt der Mensch ein Mensch. Während die Indifferenz am Ende am Wert jedes Menschen zweifelt, bis dahin, diesen Wert in sich selbst einzusperren, spricht das *Gleichnis vom Barmherzigen Samariter* von dieser geschwisterlichen Hand, die keine Wunde schreckt. Das ist eine Weisung, nachdrücklicher und kreativer als alle moralischen Vorschriften. Sie ist der Kern christlicher Ethik.

Kapitel 6
Eine liebevoll mitfühlende Kirche erfinden

Die Kirche hat im Laufe ihrer Geschichte gelernt, Ideologien und den ihnen zugrundeliegenden Philosophien mit scharfsinnigen intellektuellen Argumenten zu entgegnen. Es waren Debatten von System zu System bzw. von Gedankengebäude zu Gedankengebäude, innerhalb der von den Gegnern der Kirche gezogenen Grenzen. Heute hat sich die Landschaft der Ideen verändert, die Indifferenz besitzt keine theoretische Rechtfertigung, auch wenn es ihr an künstlerischen Ausdrucksformen (Romanen, Filmen usw.) nicht mangelt. Theologen und Philosophen sehen darin oft nur Werke von geringer künstlerischer Bedeutung. Die Indifferenz hat keine Vorkämpfer, auch wenn sie einige Boten des Nicht-Engagements hervorgebracht hat. Sie bewahrt sich eine ungreifbare Seite und bleibt daher unbemerkt. Man begnügt sich damit, über sie zu klagen. Was schade ist, denn sie stellt eine wesentliche Facette des heutigen Menschen dar. Die Moderne zeichnet sich nicht nur durch geschäftliche Erfolge, Finanzkrisen, technische Errungenschaften, künstlerische Provokationen etc. aus. Auf eine eher subtile Weise beeinflusst sie auch die konkreten Lebensbedingungen der meisten Menschen, und das geschieht unbemerkt, diskret und umfassend. Die von der Indifferenz hervorgerufenen Reaktionen interessieren die großen Institutionen, Kirche, Staat, politische Parteien, meistens nicht. Sie sehen in ihr nur eine bedauerliche Gleichgültigkeit, moralisch suspekt, mit derselben Strenge zu behandeln wie einen pubertierenden Jugendlichen. Sagt man nicht gern, dass die Jugend Ideale braucht? Infolgedessen neigen die großen gesellschaftlichen Institutionen dazu, die Latte hoch zu legen, so dass die meisten niemals hinüberkommen werden, weil es ihnen schon schwerfällt, einen Fuß vor den anderen zu setzen. Früher weckte schon die bloße Erwähnung eines weltlichen oder religiösen Anliegens selbstlosen Eifer, Askese, Opferbereitschaft. Die Einlösung eines Versprechens war es wert, sein Leben dafür zu geben. Heute ist das Verlangen, zu geben oder gar sich zu geben, zwar nicht verschwunden, aber ein dichter Nebel verstellt den Blick auf den Horizont der Versprechungen. Von daher das Tasten, das Ausprobieren, der hartnäckige Wille zu existieren, ohne Opfer für eine Sache zu bringen, die ebenso gut ein Trugbild sein könnte.

Der Kirche als Institution fällt es schwer, sich zu einem solchen Phänomen zu verhalten. Das „Seid also vollkommen, wie euer himmlischer Vater vollkommen ist!" (Mt 5,48) bleibt eine unverhandelbare Forderung. Gewiss – doch von welcher Vollkommenheit spricht das Matthäusevangelium eigentlich? Sie ist ja wohl sehr speziell! Sie verlangt, die zu grüßen, die nicht unsere Brüder oder Schwestern sind, für unsere Feinde zu beten, die zu lieben, die uns nicht lieben. Warum? Weil dieser Vater „seine Sonne aufgehen lässt über Bösen und Guten und regnen lässt über Gerechte und Ungerechte" (Mt 5,45). Seine Vollkommenheit besteht mithin nicht in Unerbittlichkeit und Strenge, sondern in Vergebung und liebevollem Mitfühlen.

Ein Weg liebevollen Mitfühlens

In den Evangelien finden sich immer wieder Spuren der Konflikte zwischen Jesus und den Mächtigen seiner Zeit: den Tempelpriestern, den Tugendverbänden der Pharisäer, den Ältesten, den gesetzestreuen Schriftgelehrten. Ohne Zuspitzung kann man sagen, diese Auseinandersetzungen ähneln dem Schlagabtausch zwischen zwei Systemen, nur, dass Jesus kein System errichtet hat. Er versteht es jedoch, mit seinen Gegnern zu diskutieren und dieselben Methoden und Argumentationsweisen zu verwenden. Die Kirche könnte sich davon anregen lassen, um „der Welt" zu entgegnen.

Darüber hinaus gibt es aber zwei weitere „Systeme", von denen der Nazarener sich entschieden abgrenzen musste: zum einen seine „Familie", zum anderen die Jünger, die Johannes der Täufer um sich versammelt hatte.

Unter „Familie" sind im engeren Sinne die „Seinen" zu verstehen und im übertragenen Sinne die Jünger, die Jesus sich selbst auserwählt hat. Diese beiden Gruppierungen verbindet, dass sie sich Vorteile von dem erwarteten politischen Messias erhofften (als Feldherr, Befreier, politischer Herrscher). Petrus gibt das unumwunden zu: „Siehe, wir haben alles verlassen und sind dir nachgefolgt. Was werden wir dafür bekommen?" (Mt 19,27). Jakobus und Johannes, die von ihrer Mutter angestachelt werden, hoffen darauf, dass sie im Reich Jesu „rechts und links" neben ihm sitzen dürfen (Mt 20,21). Die nächsten Verwandten Jesu sind enttäuscht, als sie feststellen, dass er nicht nach der Macht greift; im klaren Bewusstsein davon, wie sehr die Familie des Messias von dessen Erfolgen profitieren würde, nehmen sie sich vor, ihn aus dem Verkehr zu ziehen, weil sie finden, dass er „von Sinnen" ist (Mk 3,21), und verführen seine Mutter, sich an ihrem Vorhaben zu beteiligen (Mk 3,31). Ihr Ehrgeiz ist offensichtlich. Sie wollen die Macht oder zumindest einen Zipfel von seinem Einfluss und seinem Ansehen, eben das, was Jesus für sich selbst strikt ablehnt (er ist gekommen, „um zu dienen", Mk 10,45) – und das gilt ebenso für die Seinen (Joh 15,18).

Auf der anderen Seite, die von den Jüngern Johannes des Täufers gebildet wird, sind die Spannungen schon früh zu erkennen. Der Täufer, der Jesus als den erwarteten Messias bezeichnet hatte, äußert aus dem Gefängnis heraus seine Verwunderung über die Sanftmut, die Jesus an den Tag legt, weit entfernt von der erwarteten Strenge (Mt 11,3). Die Jünger des Täufers tun sich mit den Pharisäern zusammen und werfen den Aposteln vor, dass sie nicht fasten (Mk 2,18), und das vierte Evangelium erwähnt einen Streit zwischen den Jüngern des Johannes und den Jüngern Jesu, bei dem es um die Taufe geht (Joh 4,1–2). Die Apostelgeschichte betont eigens, dass die Geisttaufe im Namen Jesu der Wassertaufe des Johannes überlegen ist (Apg 19,4).

Es ist weit mehr als eine Konkurrenz zwischen zwei Schulen; vielmehr unterscheiden sich die johanneische und die jesuanische Botschaft deutlich voneinander: Die Strömung des Täufers bemüht sich um Läuterung des Volkes und um Scheidung der Guten von den Schlechten durch einen radikalen Aufruf zur Umkehr. Nur so können die Menschen noch „dem kommenden Zorngericht entrinnen" (Mt 3,7), denn „jeder Baum, der keine gute Frucht hervorbringt, wird umgehauen und ins Feuer geworfen" (Mt 3,10). Johannes kündigt somit ein Strafgericht an.

Jesus verlegt die Radikalität seiner Botschaft an andere Stelle. Er ist gesandt, um zu retten, und nicht, um zu richten (Joh 3,17), er duldet das gleichzeitige Wachsen von Weizen und Unkraut (Mt 13,29). Er sucht die Begegnung mit Sündern und Ausgeschlossenen der Gesellschaft: „Ich bin nicht gekommen, um Gerechte zu rufen, sondern Sünder" (Mt 9,13). Die von ihm geforderte Radikalität ist die des Erbarmens und der Vergebung (Mt 18,33). Bei der Berührung mit ihm schließen sich Wunden. Diejenigen jedoch, die ihm verwehren wollen, sanftmütig zu handeln, verstricken sich heillos: „Wenn ihr begriffen hättet, was das heißt: *Barmherzigkeit will ich, nicht Opfer* [Hos 6,6], dann hättet ihr nicht Unschuldige verurteilt" (Mt 12,7). Und er tadelt die Härte des Herzens.

Jesus bewegt sich auf einem schmalen Grat zwischen der Versuchung der Macht und jener der strengen Askese.

Eine Predigt, die andere verurteilt, vermag einem Prediger am Ende eine gewisse Befriedigung verschaffen. Er zieht die Register der Angst und des schlechten Gewissens und ist vermutlich zufrieden, dass er seine Pflicht getan hat. Doch in Wirklichkeit vergisst er über der Anklage das eigentlich Entscheidende, nämlich den Zuhörern zu helfen, ihr Verhalten gegenüber ihren Mitmenschen zu ändern (wie es in der Begegnung Jesu mit Zachäus geschieht: Lk 19,8). Der Hirt wettert nicht gegen das verirrte Schaf, sondern macht sich auf, es zu suchen, wie der Vater dem verlorenen Sohn entgegeneilt (Lk 15,4–20). Das sind die Gesten der Liebe.

Auf dem Hintergrund dieses Verhaltens Jesu steht nicht die Institution der Kirche in Frage, sondern ihre Handlungsweise. Oft werden diese beiden Seiten von Kritikern verwechselt. So wie sich kein Körper ohne Skelett aufrecht hält, so braucht auch jede soziale Körperschaft eine Struktur, die sie auf Dauer zusammenhält. Aber wie ein Knochengerüst erlaubt sie viele Haltungen! Man kann sich verkrampfen, sich zusammenkauern und abkapseln – oder auch aufrecht dastehen und zuhören. Mit mehr oder weniger großer Beweglichkeit oder steif und unbeweglich. Die Klugheit der Kirche liegt nicht im Beibehalten unveränderlicher Positionen, sondern in der Fähigkeit zur Unterscheidung, welches in einer gegebenen Situation die Haltung ist, die einen Menschen wachsen lässt. Ein Beispiel: Niemand kann die zivilisatorischen Leistungen der Abteien leugnen, die, von den Karolingern bis ins 12. Jahrhundert hinein, Wälder abholzen ließen, um Land urbar zu machen und neue Gebiete zu bebauen. Vier Jahrhunderte später übten die gewaltigen Klosteranlagen, die sich über Hunderte von Hektaren erstreckten, aber nur noch von wenigen Mönchen bewohnt wurden, keine zivilisatorische Funktion mehr aus; stattdessen klammerten sich die Klöster unter Berufung auf ihre lehnsherrlichen Rechte erbittert an ihren Grundbesitz. Die Zeiten hatten sich jedoch geändert. Das Missverhältnis war für die unter dem Joch der Äbte stehenden Bauern unerträglich geworden und mündete in gewaltsame Auseinandersetzungen. Hier steht also nicht die monastische Struktur zur Debatte, sondern die Art und Weise der Leitung ihrer Besitztümer, die von machtbesessenen, meist aus dem Adel oder dem gehobenen Bürgertum stammenden Äbten mit harter Hand verwaltet wurden. Um die Gerechtigkeit zu bewahren, muss sich jede Macht zugleich mit der Gesellschaft entwickeln, sonst verwandeln sich die Opfer eines überholten Systems in ihre Henker. Jedes Missverhältnis kann in Gewalt ausarten.

Das Thema ist wichtig genug, um ein weiteres Beispiel anzuführen: das des Klerus. Bekanntlich sah sich die katholische Kirche durch die Reformation gezwungen, neu zu definieren, was „der" Priester ist. Die Debatten und die zu Beginn des 17. Jahrhunderts vom Pariser Parlament offiziell zugelassene Lesart des Konzils von Trient (1545–1563) stellten den Priester als einen gottgeweihten Menschen dar, der durch Anbetung und Innerlichkeit ein von der Welt abgesondertes Leben führt. Darin lag die Größe der sogenannten *École française*, der französischen Schule einer priesterlichen Spiritualität. Diese Reform hatte den Vorteil, dass sie einen würdigeren und besser ausgebildeten Klerus hervorbrachte (was vor allem den Priesterseminaren zu verdanken war). Selten wird jedoch folgender Zahlenabgleich gemacht: Für die 121 Bischofssitze, die direkt dem König von Frankreich unterstanden (die Bistümer Comtat Venaissin und Savoyen waren unabhängig von der Krone; Dijon, Blois usw. wurden erst später errichtet), wurden zwischen 1600 und 1650 429 Bischöfe oder Erzbischöfe ernannt. 317 dieser Würdenträger (66,3 %) waren Adelige, 112 (33,7 %) entstammten großbürgerlichen Familien wie den Fouquet, den Arnauld usw. In einigen Fällen ging das Bischofsamt praktisch in den Familienbesitz über: Zwischen 1575 und 1693 war immer ein Villars Bischof von Vienne. Unter diesen Umständen Teil des Klerus zu sein, der erste Stand im Königreich und von anderen Sterblichen abgesondert, war in diesem als Beispiel angeführten Gesellschaftsmodell nicht gerade unvorteilhaft. Auch hier steht nicht die episkopale Struktur selber zur Debatte, sondern die Art und Weise, wie sie gehandhabt wurde. Im Ergebnis rückten die hohen kirchlichen Würdenträger immer näher an den Königshof, und die Beziehungen zwischen dem Pfarrer „an der Basis" und seinem Bischof lockerten sich. Bei den Generalständen von 1789 sollten diese Spannungen offen zutage treten.

Obwohl diese Beispiele aus der Kirchengeschichte weit zurückliegen und vielleicht überholt erscheinen, regen sie doch an zu Fragen in Bezug auf die Haltung der heutigen Kirche gegenüber der religiösen Indifferenz. Die moderne Gesellschaft bringt den Klerus nicht in die Verlegenheit, eine direkte Macht über das Leben der Einzelnen auszuüben. Jeder Vorstoß in diese Richtung stößt auf Ablehnung. Verurteilungen werden nicht mehr gehört, außer von jenen, die ihrerseits dafür sind, Menschen auszuschließen und aus der Kirche eine Sekte zu machen. So bleibt nur, der Kirche eine Handlungsweise zu empfehlen, die von liebevollem Mitfühlen geprägt ist.

Nachbarschaft heißt nicht Nähe

Das Konkrete ist nicht das, was man sieht, es ist in dem, was das Sichtbare ordnet. Verstehen verlangt, sich anzunähern, genauer gesagt, sich in der richtigen Distanz zu halten. Sich weit entfernt zu halten, erschwert die Wahrnehmung; wer zu nahe ist, riskiert die Verschmelzung, die dem anderen verbietet, sich zu entfalten. Im Hebräischen gibt es ein Wort, um die richtige Entfernung zwischen zwei Nomadenzelten zu bezeichnen, *ruach*, dessen erste Bedeutung auch „Luftstrom" ist, „Atem(hauch)" und „Geist". Die richtige Beziehung verformt den anderen nicht, sie wird ja von einem Hauch belebt. Gott macht den Menschen lebendig durch die Teilhabe an seinem Atem (Gen 2,7).

Nachbarschaft beinhaltet zunächst lediglich ein Nebeneinander. Etwa, wenn zwei Menschen im Zug auf benachbarten Plätzen sitzen. Es kann sein, dass während der ganzen Fahrt kein Wort zwischen ihnen gewechselt wird. Die Reisenden sind Nachbarn, ohne einander nahe zu sein. Umgekehrt schafft ein Briefwechsel Nähe zwischen zwei weit entfernt lebenden Personen und weckt zwischen ihnen echtes Verständnis. Es gibt keine Nähe, ohne aus sich herauszugehen durch den Akt der Annäherung. Dieser Umweg offenbart die Unzulänglichkeit einer Formel, die von vielen Christen verwendet wurde, aber inzwischen ihre besten Zeiten hinter sich hat: „im Herzen der Welt, mitten in der Welt" leben. Dieser Ausdruck bezeichnet eine Position, sagt aber nichts über Beziehungen aus. So lassen sich heutzutage viele Gruppen und Interessenvertretungen finden, die einerseits mit größter Fingerfertigkeit modernste Techniken – Internet, Digitalkameras usw. – beherrschen und andererseits die Rückkehr zu einer traditionellen Gesellschaft predigen, die eher ins 19. als ins 21. Jahrhundert gehört. Die Bezugnahme auf eine erloschene Welt schmückt sich nach außen mit modernsten Dingen, um zu kaschieren, dass ein wirkliches Verständnis der Zeitgenossen fehlt. Die Zeitgenossen werden zwar als Nachbarn wahrgenommen, aber es existiert keine wirkliche Nähe zu ihnen. Denn sich zu nähern, verlangt, auf die eigene gefühlsmäßige Überheblichkeit zu verzichten und sich um die anderen zu kümmern, so wie sie sind und sich entdecken lassen. Es ist die Beziehung zu den Personen, die echte Nähe kennzeichnet. Diese Feststellung bringt drei Konsequenzen für die Kirche mit sich, die – bildlich gesprochen – ihre Lesbarkeit und ihren Zentralismus und ihre Beweglichkeit betreffen:

Lesbarkeit

Zahlen haben in unserer Zeit einen hohen Stellenwert. Die Kirche hegt jedoch in ihrem tiefsten Inneren ein gleichsam instinktives Misstrauen gegenüber Zahlen und demokratisch hergestellten Mehrheiten, weniger aus politischen Gründen, sondern weil die Wahrheit nicht von der Zahl abhängt. (Hitler wurde schließlich von einer Mehrheit und im Einklang mit den Wahlgesetzen seines Landes gewählt. Diktaturen benutzen Volksabstimmungen und stützen sich auf zahlenmäßige Mehrheiten, um Knebelgesetze durchzubringen. Recht haben solche Regime deswegen aber noch lange nicht.) Gleichzeitig jedoch fürchtet diese Kirche schon den bloßen Verdacht eines scheinbaren Niedergangs. Sie freut sich an den großen Zahlen, die vermeintlich ihre Vitalität belegen und ihre Erfolge beweisen. Deshalb strebt sie danach, sich sichtbar zu machen, bis in die Details der liturgischen Gewänder. Das heißt aber, das, was sichtbar ist – und was jedem auffällt –, mit dem zu verwechseln, was „lesbar" ist – was also das betrifft, was jeder versteht. Alles deutet darauf hin, dass hinter der Zahl, dem Sichtbaren, allein der Wille steht, Stärke und Präsenz zu demonstrieren. Das wiederum bedeutet letztlich das Wiederaufleben eines archaischen Sakralen, statt das „Lesen" dieses Spektakels zurückzuverweisen auf die Originalität des Evangeliums, wo Jesus die Seinen als „kleine Herde" bezeichnet (Lk 12,32) und auffordert, das „Salz der Erde" zu sein (Mt 5,13). Wo diese Unterscheidung fehlt, ist es leicht, in den Gesetzen eines Landes einen Relativismus ohne Moral am Werk zu sehen, dem sich die große Zahl entgegenstellen müsste.[1]

Das alles berührt auch die Indifferenz, sofern diese das Individuum schützt. Die einem anderen zur Verfügung stehenden Güter erzeugen nämlich eine aus Nachahmung geborene Rivalität, eine Gewalt also, die, wie René Girard erkannt hat, ihrerseits Gewalt erzeugt, weil damit eine Spirale aus Habenwollen und Vorteilssuche in Gang gesetzt wird. Um diese Gewalt abzufedern, erlässt der Staat Gesetze, die den individuellen Forderungen möglichst nahekommen. Damit gerät er in eine Spirale der sich ständig vervielfältigenden Gesetze. Die Justiz ist nicht mehr dazu da, das Recht in Anwendung zu bringen, sondern zu erklären, was gut ist. Der grundlegende Gegensatz betrifft nicht mehr die Debatte zwischen einem demokratischen Relativismus und der absoluten moralischen Wahrheit,

---

[1] Anm. der Übers.: Im Hintergrund dieser Aussage steht vielleicht das von Präsident Hollande im März 2013 angekündigte Gesetz der „Ehe für alle", das Zehntausende auf die Straßen gerufen hatte.

bei der die Moral am Ende unweigerlich gegen die Mehrheit der Wähler verliert. Das Problem liegt tiefer: Es fehlt an humanisierenden Beziehungen zwischen den Mitgliedern der Gesellschaft, zwischen den Stärkeren und den Schwächeren; es fehlt an langfristigen Projekten, die geeignet sind, Menschen eine Orientierung zu geben, wenn sich das Räderwerk des politischen Lebens immer weiter von ihrer konkreten Lebenswirklichkeit entfernt. Letztlich ist es die Blindheit für das Phänomen der Indifferenz, die in diese Sackgasse führt. Mit anderen Worten, der Relativismus entsteht nicht aus der Demokratie, sondern aus einer Unzulänglichkeit dieser Demokratie, die nämlich nicht imstande ist, eine persönliche Verantwortung wiederherzustellen, die über die Sorge um sich selbst hinausgeht. Es kann in ethischen Fragen, die den Einzelnen betreffen, keine Entwicklung geben, wenn sie nicht auch im öffentlichen Raum verhandelt werden. Ohne liebevolles Mitfühlen mit den Menschen, ohne Verständnis, gibt es keine schöpferischen Perspektiven. Das gilt für den Staat und genauso für die Kirche.

Zentralismus

Die Aufmerksamkeit dafür, was die Menschen in dem „lesen", was sie sehen, bringt uns zu Passagen in den Evangelien, die zeigen, wie die Menge das „liest", was sie Jesus tun sieht (vgl. z. B. Joh 6,14–15). Als sich Menschen um ihn drängen und von ihm Wunder erbitten, könnte er sich ihre Begeisterung zunutze machen, um die Macht zu ergreifen und sich selbst ins Zentrum zu stellen. Statt dieser Erwartung zu entsprechen, tritt er aus dem Zentrum heraus; nach der Brotvermehrung beispielsweise zieht er sich zurück [vgl. Joh 6,17]. Anstelle einer großen Rede an alle gibt er der Begegnung mit einzelnen Frauen und Männern den Vorrang; er schenkt ihnen neues Vertrauen und fordert sie auf, sich aufzurichten [vgl. Mt 16,8; Mk 8,17–25]. Hier zeigen sich die Grenzen und die Sackgassen jeder *zentralisierten Vorgehensweise*. Der Soziologe Jacques Lagroye spricht von einem „imperialen System"[2]. Ein solcher Leitungsstil basiert, wenn auch nicht immer erkennbar, auf der Ungleichheit der Menschen, nämlich der klaren Unterscheidung zwischen denen, die wissen und leiten, und den anderen.

Der Herrscher an der Spitze in einem imperialen System hat symbolische Autorität. Angesichts des Umfangs und der Komplexität der zu be-

---

[2] Vgl. Jacques Lagroye, *Appartenir à une institution. Catholiques en France aujourd'hui*, Paris, Economica, coll. „Études politiques", 2009.

handelnden Fragen kümmern sich untergeordnete Büros und Behörden um das machtpolitische Tagesgeschäft. Bei ihnen liegt die real ausgeübte Macht. Sie bekleiden sich aber gern mit der Autorität der symbolischen Macht. Je weiter die reale Macht ihren Einfluss ausdehnt, desto undeutlicher wird sie. Je mehr sich die symbolische Macht zeigt, je mehr ihr geschmeichelt und applaudiert wird, desto weniger echte Autorität übt sie aus. Unvermeidbar hält sich jede Dienststelle für autonom und ignoriert die anderen. Um Klienten an sich zu binden, nutzt sie verdeckte Formen der Vetternwirtschaft (Absolventen wichtiger Hochschulen, Freunde, die einem etwas schulden). Das beschleunigt die Zentralisierung, und die regionalen Verantwortlichen behalten ihre Autorität nur dann, wenn sie sich den zentralen Stellen gegenüber loyal verhalten. Eine solche Regierungsweise lähmt sich letzten Endes selbst, weil sie keine horizontale Kontrolle der Dienststellen untereinander akzeptiert und erst recht keine echte Beteiligung der Verantwortlichen vor Ort.

Eine solche Funktionsweise schließt keineswegs aus, dass die „hohen Tiere" engagiert, fleißig und integer sind. Doch sie machen sich selbst zum Zentrum der Einheit und erzeugen so eine wachsende Distanz zu den Bürgern und eine zunehmende Spaltung. Auf der einen Seite stehen die, die damit zufrieden sind und das System stützen, und auf der anderen Seite jene, die überzeugt sind, dass sie, weil der Mensch schließlich kein Herdentier ist, das Recht und die Pflicht haben, zu den sie betreffenden Fragen ihre Meinung zu äußern. Daraus erwächst Unzufriedenheit, die sich früher oder später an der Spitze bemerkbar macht.

Seine Untersuchung zur Funktionsweise der Macht führte Michel Foucault zu der Feststellung, dass der von der Kirche erfundene „pastorale" Typ von Leitung die Aufmerksamkeit für alle mit der Sorge um den Einzelnen vereinte.[3] Auf diese Weise konnte das Oberhaupt, der „Hirte", nicht allein leiten. Er musste, um im Bild zu bleiben, auf seine „Schafe" Rücksicht nehmen: Sie gehen und kommen in Freiheit (vgl. Joh 10,9). Zurzeit entspinnen sich – in Kirche und Staat gleichermaßen – Debatten nur unter Eingeweihten, was die Indifferenz all jener noch vergrößert, die dieses Spektakel ermüdet. Um ihre Aufmerksamkeit zu fesseln, muss man immer lauter werden, die Inszenierungen verstärken, den Akzent mehr auf die Inszenierung der Sprechenden legen als auf das, *was* sie sagen, was

---

[3] Michel Foucault wird von Jacques Dalarun zitiert, in: *Gouverner c'est servir*, Paris, Alma Éditeur, 2012, p. 288–306.

wiederum die Qualität der Äußerungen entsprechend verringert.[4] Eine öffentliche Debatte wird nicht per Dekret verfügt, auch nicht im Fall eines Referendums, sie muss vorbereitet werden. Sie findet nur statt, wenn in der „Öffentlichkeit" ein Interesse an Beteiligung und Meinungsäußerung vorhanden ist.

Die Kirche entkommt den Folgen ihrer Fehler nicht. So beispielsweise den Wirkungen von Katechismen, die aus Definitionen zusammengeschrieben waren, um Fragen zu beantworten, die niemand ernsthaft gestellt hatte. Eine derartige Scholastik infantilisiert. Sie drängt konservative Charaktere, sich an die Magie der Formeln und Rituale zu klammern. Bei denjenigen, die eine solche Verdinglichung des Glaubens ablehnen, führt sie dazu, nur noch von allgemeinen Werten zu sprechen und symbolische Ausdrucksformen [wie das Credo] außer Acht zu lassen, obwohl sie allein imstande sind, die Tiefe des menschlichen Daseins und die Person Jesu Christi zu verbinden. Beide Male kann ein Mensch in seinem Begehren nicht wirklich wachsen. Die Last der Formeln bzw. der Nebel der Gefühle wirken dagegen. Einmal werden die Formeln des Glaubens leicht mit dem Glauben selbst verwechselt; im anderen Fall hält man es für ausreichend, wenn jeder seine Gefühle zum Ausdruck bringt. Solche Tendenzen gibt es nicht nur in der Kirche. Sie herrschen im Überfluss in politischen Reden, in den Medien etc. Wenn manche Menschen reden, um nichts zu sagen, so sind doch diejenigen noch zahlreicher, die gar nicht sagen können, was sie gerne ausdrücken würden. Deshalb verwundert es nicht, wenn die Indifferenz zunimmt.

Beweglichkeit

Moderne Gesellschaften sind zunehmend von Zentralisierung geprägt: Von Holdings bis hin zu Rentenfonds, von der Entscheidung, für ein Amt zu kandidieren, bis hin zu Ersatzteillagern, Computerzubehör und der Sorge um Kostenersparnis durch Massenproduktion, nicht zu vergessen der Ruf nach einer Einheit, die doch nur Einförmigkeit ist – alles konkurriert darum, die Nachfrage, die Budgets, die Abläufe, die Entscheidungen zu zentralisieren. Das gilt selbst für die neuen „Großpfarreien". Hat schon einmal jemand über den *menschlichen* Aspekt dieser Vorgehensweise

---

[4] Diese Tendenz lässt sich auf den Katholizismus übertragen; vor diesem Hintergrund klingt der folgende Satz aus einem Leserbrief allzu einfach: „Die gesamte Lehre der Kirche beruht auf der Einheit in Gemeinschaft mit dem Papst" (*Le Pèlerin*, Nr. 6761, 28. Juni 2012).

nachgedacht, bei der das Wichtigste ist, keinen Schritt von dem einmal gefassten Plan und seinen Logiken abzuweichen? Wenn die Kirche als Spiegelbild dieser Welt derselben Logik folgen würde, würde sie einen Großteil ihrer Glaubwürdigkeit verlieren und in einen praktischen Widerspruch zwischen einer am Evangelium ausgerichteten Struktur und einer in der heutigen Gesellschaft üblichen Arbeitsweise geraten. Die Evangelien warnen vor der Macht. Sie verpflichten uns dazu, die herrschenden Gesellschaftsmodelle zu hinterfragen. Im kirchlichen Stundengebet der Priester, Diakone und Ordensleute findet sich folgende Bitte: „Möge die Kirche der Ort sein, an dem das Evangelium im Widerspruch zum Geist der Welt verkündet wird."[5]

Wo die Welt zentralisiert, muss die Kirche dezentralisieren; wo die Welt die Betroffenen nicht hört, muss die Kirche auf die Stimme jedes Einzelnen hören. Deshalb achtet sie auf ihre „Beweglichkeit". Damit ist hier etwas ganz anderes gemeint als diplomatisches Geschick. Die Beweglichkeit widersetzt sich der Zentralisierung, dieser höchsten Weihe der Macht. Hannah Arendt hat einmal darauf hingewiesen, wie gefährlich der Ausdruck „den Menschen ins Zentrum stellen" sein kann, weil das Zentrum unbeweglich bleibt, wenn sich das Rad zu drehen beginnt. Statt das Menschsein als ein unablässig hinterfragtes Streben zu begreifen, dem die Institution zu dienen hat, wird der Mensch auf einen bestimmten Punkt festgelegt, um die Entwicklung der Institution zu rechtfertigen, die auf diese Weise sakralisiert wird. Diese kann sich dann das Prinzip, „der Mensch im Zentrum", auf ihre Fahnen schreiben und zugleich eine höchst zentralisierte Bürokratisierung ihrer Arbeitsweise verstärken. Hierzu hat die Bibel viel zu sagen! Wir wollen uns nur mit zwei Stellen befassen.

Im Jahr 597 und im Jahr 586 vor unserer Zeitrechnung nehmen Nebukadnezzars Armeen zweimal Jerusalem ein, deportieren die Bevölkerung und brennen schließlich den Tempel nieder, wobei die Bundeslade verlorengeht. Jeremia schreibt den Deportierten, sie sollen sich in Mesopotamien niederlassen, und fügt folgendes Gotteswort hinzu: „Suchet das Wohl der Stadt, in die ich euch weggeführt habe, und betet für sie zum HERRN; denn in ihrem Wohl liegt euer Wohl!" (Jer 29,7). Mit seinen Worten erregt Jeremia den Zorn der in Jerusalem gebliebenen Autoritäten und sogar der Deportierten, die von Rache träumen. Aber die Prophetie des Jeremias zielt von Anfang an schon ins Allerheiligste: In der Mitte

---

[5] Laudes vom Freitag der ersten Woche [AELF (Association Épiscopale Liturgique pour les pays Francophones), *Prière du temps présent*, Paris 1980, p. 703].

des Volkes Gottes war die Bundeslade die heiligste Hinterlassenschaft, um die herum das feiernde Volk sich versammelte. Hierzu sagt der Prophet: „Und wenn ihr euch im Land vermehrt und fruchtbar seid in jenen Tagen – Spruch des HERRN –, wird man nicht mehr rufen: die Bundeslade des HERRN! Sie wird niemand in den Sinn kommen; man denkt nicht mehr an sie, vermisst sie nicht, und sie wird nicht wiederhergestellt" (Jer 3,16).

Jeremia erweitert das Zentrum: Jerusalem wird zu jenem Zentrum werden, zu dem die Vertreter einer Stadt oder einer Sippe hinziehen werden (Jer 3,14), und dort „werden sich alle Völker versammeln" (Jer 3,17). Das Zentrum geht von einem Gegenstand auf eine Stadt über und vom Herzen eines Volkes auf den Punkt, an dem alle Völker zusammenströmen.

Eine andere Erweiterung findet sich in der neutestamentlichen Episode von der *Brotvermehrung*, die sich in allen vier Evangelien findet. Das Johannesevangelium (Joh 6,3–15) stellt dabei einen anderen Aspekt in den Vordergrund als die drei früheren Evangelien. Zunächst fallen mehrere Einzelheiten auf: Die Menge, die Jesus nachfolgt, ist nicht geplagt, weder von Hunger noch von Durst; Jesus ist es, der sich darum sorgt, dass sie etwas zu essen bekommen. Die Jünger spielen gar keine Rolle. Jesus selbst teilt das Brot aus, und die vielen werden satt. Am Ende verzichtet Jesus darauf, irgendeinen Vorteil aus diesem Zeichen zu ziehen. Damit ihn die Menge nicht zum König ausruft, zieht er sich auf einen Berg zurück.

Jesus ist diesen Menschen nahe, die ihn um nichts gebeten haben. Er gibt, ohne etwas davon zu haben. Seine Gegenwart ist reine Absichtslosigkeit. Sein Weggang lässt die Menschen zurück und verweist sie aufeinander: Die Gabe, die sie umsonst empfangen haben, sollen sie mit derselben Absichtslosigkeit weitergeben. Das Zentrum ist nicht mehr ein Ort, ja nicht einmal eine Person, die an diesem Ort ist. Es ist „Geist und Wahrheit" (Joh 4,23); es wohnt in den Worten, „die ich zu euch gesprochen habe": Sie sind „Geist und [...] Leben" (Joh 6,63). Die Kirche ist eine Institution ohne Zentrum, so wie im Tempel von Jerusalem der heiligste Ort leer ist. Übrigens ist der christliche Glaube „voller Abwesenheiten": ein leeres Grab, ein Gründer, der fortgegangen ist. Es bleibt ein Geist, die Spannung zu den anderen hin. Genau das ist der Sinn dieser „Beweglichkeit", die erlaubt, sich den anderen Menschen anzunähern, ihnen entgegenzugehen: nicht mit der Schwerfälligkeit, die jeder Institution eigen ist, sondern mit der Absichtslosigkeit einer Gegenwart, die Jesus Christus auf einem Hügel in Galiläa bezeugt.

Hier zeigt sich ein den Ursprüngen noch sehr nahes Gesicht der Kirche. Sie arbeitet nicht für sich selbst: Sie ist der Welt preisgegeben, gemäß der

Logik des Sohnes, der gekommen ist, um unter den Menschen zu wohnen. Jede andere Haltung verstärkt die Leichtgläubigkeit oder die Indifferenz. Eine Institution ohne jede Absichtslosigkeit setzt alles daran, ihren Ansichten Geltung zu verschaffen. Aus dieser Logik erwächst ein Moralismus, wie ihn jedes autoritäre Regime durchzusetzen versucht. Nietzsche hatte Recht, als er schrieb: „Man sieht, was eigentlich über den christlichen Gott gesiegt hat: die christliche Moralität selbst".[6] Ein Mensch muss nicht gläubig sein, um sich an eine Moral zu halten. In diesem Sinne verträgt sich der Moralismus ausgezeichnet mit dem Atheismus, und oft verstärkt er ihn sogar.

Angesichts der Indifferenz geht es nicht darum, den Glauben vorzuschlagen, sondern – und das finde ich angemessener – mit diesen Menschen einen Glauben zu entdecken, der uns allen vorausliegt. Es gilt also, sich gemeinsam von der Absichtslosigkeit dieses Glaubens in Frage stellen zu lassen. Das heißt, entschieden nicht in Schablonen zu denken, die nur der eigenen Gruppe geläufig sind. Es genügt nicht, das Vokabular zu übersetzen. Es braucht eine Haltung auf menschlichem Niveau und eine „Grammatik", eine Ordnung der Rede und ihrer Bezüge, die sie in der gemeinsamen Lebenserfahrung verortet. Da es kein ideales Vokabular gibt, fallen Form und Substanz zusammen, die Art zu reden und der Inhalt des Sprechens, die Rede und die Zeichen. Deshalb antworten die Gläubigen nicht Gott, sondern sie *ver*-antworten Gott,[7] sie stehen ein *für* Gott, für Den, der den Wörtern das Wort seines Atems verleiht: Sein Verlangen.

---

[6] Friedrich Nietzsche, *Le Gai Savoir*, § 125, zitiert von Charles Taylor, a.a.O., p. 953, n°1. [deutsches Zitat aus: Friedrich Nietzsche, *Die fröhliche Wissenschaft*, § 357, Digitale Gesamtausgabe: http://www.nietzschesource.org/#eKGWB/FW-357, abgerufen: 14.08.2021].

[7] Anm. der Übers.: Das Französische unterscheidet zwischen *répondre à* und *répondre de*.

Kapitel 7
In Beziehung treten, um zu leben

Die Indifferenz stellt sich als Schutz dar, eine Vorsicht, die eine Person vor Zwängen von außen bewahrt und vor Vorschriften, die sie nicht mitentschieden hat. Sie geht auf Abstand zu beiden Bedeutungen des Wortes „Subjekt" (französisch *sujet*): dem im Wortsinn Unter-worfensein, das wohl oder übel zu einem Staat gehört (*les sujets du royaume* [die Untertanen des Königreichs]), und dem Subjektsein, das entscheidet, in welche Richtung es geht (*le sujet pensant* [das denkende Subjekt]). Diese Distanz hat mit den heutigen Lebensbedingungen zu tun: Dem Anschein nach ist alles möglich, doch der Zugang zu diesen Möglichkeiten wird für die Mehrzahl der Menschen immer schwerer; und für die wohlhabende Minderheit, die sie genießen kann, hat dieser Genuss oft seinen Reiz verloren. Die Moderne führt zur Indifferenz gegenüber jedweder Ideologie und Religion und deren langfristigen Verpflichtungen. Gleichzeitig bewahrt sich aber diese Indifferenz eine spirituelle Dimension, erkennbar an spontaner Großzügigkeit, in dem Wunsch nach einem intensiven Privatleben und, erstaunlicherweise, im Empfinden einer Leere, der eigenen Winzigkeit, des eigenen „Nichts", wie Bérulle es genannt hätte.

Damit kommen wir zu der nicht leicht zu beantwortenden Frage nach dem, was dazwischenliegt, den vermittelnden Situationen und den Einstellungen im Hintergrund. Wahrscheinlich steht hinter der zunehmenden Radikalisierung des politischen Lebens die ermüdende Zweiteilung in zwei Blöcke, Rechte und Linke. Bei den Wahlkampagnen geht es nur selten um echte Debatten und Projekte, meistens geht es darum, die beiden Lager so ins Licht zu stellen, dass sie eher mitreißen als überzeugen, mehr Wählerstimmen an sich binden als Bewusstsein schaffen. Jedes Mal ist die umworbene Wählerschaft die der Unentschlossenen, der „Rückgratlosen". Um sie zu „erreichen", zu „berühren", sie emotional zu bewegen, ist jedes Mittel recht. Die Demokratie wird zur Arena, die Politik zum Wettkampf.

Von hier aus lassen sich weitere Überlegungen anstellen. Denn vom Stil der Wahlkampagnen abgesehen, ist es der Dualismus als solcher, der von denen, die sich in der Mitte halten, in Frage gestellt wird. Die alten Unterscheidungen zwischen materiell und spirituell, zeitlich und ewig stehen in Frage: nicht theoretisch (der Nietzsche des *Jenseits von Gut und Böse* findet nur wenige Anhänger), sondern ganz einfach aus Mangel an

Interesse, weil sie für die Existenz bedeutungslos geworden sind. Die klassische Moral mit ihrem Gegensatz zwischen Gut und Böse, mit ihren großen Formeln („den Gipfel erklimmen", „alles geben") und ihren Absolutsetzungen („immer", „nie", „ganz und gar") wird als illusionär, vor allem aber als unattraktiv wahrgenommen. Sie weckt keine Lust, von ihr zu kosten. So ist es einfach, der Indifferenz ihren Relativismus, ihren Hedonismus vorzuwerfen. Dem antworten die Betroffenen – mehr in ihrem Verhalten als in Worten –, dass die in solchen Vorwürfen ausgedrückte Kompromisslosigkeit sie abstößt. Da verwundert es nicht, dass die sanften Tugenden der Liebe und der Toleranz an Bedeutung gewinnen: Sie verschaffen Luft zum Atmen in dieser Zeit.

Der Dualismus hat es schwer, überall. Ganze Bereiche des westlichen Denkens sind davon betroffen. Denn das „wahre Leben" scheint weitaus komplexer zu sein als die einfachen Schemata, auf die es sich nun einmal nicht reduzieren lässt. Es kennt Höhen und Tiefen, ein ungewisses Glück, eine gewisse Müdigkeit bis hin zur Erschöpfung. Also schotten Menschen sich ab. Sie erkennen spontan, dass man von etwas Gutem schlechten Gebrauch machen kann, und seien es nur die Errungenschaften des technischen Fortschritts, und dass umgekehrt aus etwas Schlechtem Gutes entstehen kann. Von daher eine Erwartung, ein vorsichtiges Abwarten. „Man wird sehen", sagt die Bauernweisheit, und „Nur nicht übertreiben", sagt eine Weisheit aus dem antiken Griechenland, was zumindest das Alter dieser Zurückhaltung beweist. In der Moderne bekommt sie neue Aktualität.

Hier stellt sich erneut die Frage der Zeit. Alles geht immer schneller, wird gesagt. Und doch entscheiden sich die Leute immer langsamer. Sie leben auf zwei Zeitschienen: Die erste überholt sie, und sie können nichts tun. Über die zweite sind sie Herr, hier können sie abwarten, was sich ihnen an Gutem bietet und ihrem Geschmack entspricht. Es gibt durchaus eine gewisse Offenheit, eine Erwartung, aber unter der Bedingung, vor einer Bewertung probieren zu können. Gewiss lässt sich gegen dieses dauernde Abwarten vieles einwenden, etwa, dass bei einem Gift schon das Probieren tödlich ist oder dass man nicht mit dem Feuer spielt. Ganz klar. Und doch stimmt auch, dass die Güte sich nicht anordnen lässt, ohne Zeit gehabt zu haben, sie schätzen zu lernen. Eine Wahrheit lässt sich beweisen, Begründungen gibt es genug. Die Güte jedoch muss erfahren werden. Die Zuversicht, dass etwas gut ist, stellt sich erst nach der Überprüfung ein. Auf diesem Weg gelangt das Subjekt zum Bewusstsein, dass es existiert.

Glauben ist gut

Dass Glauben gut ist, sagt ein Gebet aus der 17. Woche im Jahreskreis: „Ein anhaltendes und tiefes Glück ist es, dem Schöpfer alles Guten beständig zu dienen."

Dass die Gläubigen dies im Rahmen eines Gottesdienstes sagen, versteht sich von selbst. Natürlich wäre es schön, wenn sie auch anfingen, sich diese Freude anmerken zu lassen, trotz der schmerzlichen Erinnerungen an die jansenistische Strenge: Sie war in Frankreich mit ein Grund für die Entchristlichung einiger Regionen, insbesondere dort, wo Beichtväter sich unerbittlich zeigten. Wie aber kann man denen, die *von vornherein* nichts anzieht, Lust auf eine Kostprobe machen? Sich in breit angelegte pastorale Unternehmungen zu stürzen, liefe darauf hinaus, vor den Augen der Öffentlichkeit auf eine Strategie der Rückeroberung zu setzen, ähnlich anderen konkurrierenden Angeboten. Vor allem ist bei diesem Vorgehen die Problemlösung vorausgesetzt, also dass, bei ansprechender Präsentation, die Botschaft gehört wird. Folglich geht es vor allem um die Präsentation. Dabei wird verkannt, dass die „Zielgruppe"[1] – ein typischer Begriff, der verrät, wie wenig Achtung dem angeblichen Gesprächspartner entgegengebracht wird – wichtig findet, nicht nur Zuschauer zu bleiben, zumal in einem Bereich, dem sie ohnehin skeptisch gegenübersteht. Was also tun?

Sich in Kommunikationskampagnen zu stürzen, zeigt in allen Systemen, in denen es irgendwie um Glauben geht, nur, dass sie noch da sind. Systeme jedoch erfüllen die Menschen heute mit Misstrauen. Sie suchen sich von fast überall her selber passende Bausteine zusammen, um ihr persönliches Gebäude von Überzeugungen zu bauen, vielleicht in christlichem „Geist", vielleicht auch nicht. Da ist es hilfreich anzumerken, dass Jesus nicht so begonnen hat. Johannes der Täufer wollte „dem Herrn [...] den Weg bereiten", „das aufstrahlende Licht aus der Höhe" (Lk 1,76.78). Das Erste aber, was Jesus von Nazareth tut, ist, dass er Kranke heilt, Aussätzige wieder in die Gesellschaft integriert und zu Ausgegrenzten in Beziehung tritt. Mit anderen Worten: Er handelt, um den Menschen aufzurichten und ihn wiederherzustellen. Als die Verantwortlichen einer Synagoge sich entrüsten, weil Jesus an einem Sabbat eine Frau geheilt hat, die seit achtzehn Jahren krank war, sagt er zu ihnen:

---

[1] Anm. d. Übers.: Das französische Wort *cible* ist noch problematischer. Es bedeutet in erster Linie: Zielscheibe, Angriffsziel.

„Bindet nicht jeder von euch am Sabbat seinen Ochsen oder Esel von der Krippe los und führt ihn zur Tränke? Diese Frau aber, die eine Tochter Abrahams ist und die der Satan schon seit achtzehn Jahren gefesselt hielt, sollte am Sabbat nicht davon befreit werden dürfen?" (Lk 13,15–16).

Angesichts des Gegensatzes zwischen Gott und Satan, Gut und Böse, Gesundheit und Krankheit führt Jesus eine andere Unterscheidung ein: Die „Religion" ist eine Wirklichkeit, der das Wohlergehen des Menschen nicht gleichgültig ist. Das heißt, Jesus vollbringt irdische Taten in religiöser Weise. Dadurch wird das „Religiöse" zu einem Weg, um mit den Menschen in eine lebendige und lebensspendende Beziehung zu treten. Mehr als eine geschützte Kategorie ist das Religiöse im eigentlichen Sinne Beziehung: eine Qualität von Beziehung.

Im *Gleichnis vom barmherzigen Samariter* machen zwei Religionsvertreter einen Bogen um einen Verletzten. Ihre sakrale Funktion verbietet es ihnen, mit Blut in Berührung zu kommen. Als ein Fremder, ein Samariter und damit Angehöriger einer verachteten Volksgruppe, sich diesem halbtot liegengelassenen Mann nähert, macht er sich freilich zum „Nächsten" dieses Opfers. Der Verletzte seinerseits weiß genau, wer sein Nächster gewesen ist: derjenige, der gut zu ihm war, bis dahin, die alte, religiös bedingte Feindschaft hinter sich zu lassen und, aus Mitleid, die Distanz zu überwinden, die sie voneinander trennte (die Samariter galten den Juden aus Judäa als unrein und irrgläubig). Der Samariter sah einen leidenden Menschen. Er hat also zwei Dinge zusammengedacht: dass dieser leidende Mensch Pflege und Beistand benötigte und dass er, der Samariter, ihm mit seinen Mitteln, seinem Reittier und seinem Geld, zu Hilfe kommen konnte und musste. Also trat er zu ihm in Beziehung, brachte den Verletzten in eine Herberge, zahlte und zog weiter, ohne sich aufzudrängen (Lk 10,25–37).

Das erwiesene Gute ist es, das die Güte eines Menschen offenbart. Man wird einwenden, dass die Mentalitäten der damaligen Zeit durch und durch religiös geprägt waren. Das ändert aber nichts daran, dass Jesus einer anderen Logik folgt, die das Gottesbild von Grund auf verändert. Er lebt von Gott, in Gott und mit Gott; in seinem Leben wird Gott sichtbar, doch anders, als seine Zeitgenossen sich den Allerhöchsten vorstellten. Als Petrus den ersten Heiden tauft, den römischen Hauptmann Kornelius, fasst er das Leben Jesu in einer knappen Aussage zusammen: dass er „umherzog" und „Gutes tat" (Apg 10,38). Indem ein Mensch etwas Gutes empfängt, mit dem keine Forderung verbunden ist, sondern ihn ermutigt zu leben, bekommt er ein Bewusstsein von seiner Würde.

Es kann nicht ernst genug genommen werden, dass das Phänomen der Indifferenz den Sinn des Wortes „Religion" verändert. In dem Maß, in dem sich die Religion von der gewöhnlichen Lebensrealität abhebt und als abgesonderte Welt mit ihren eigenen Regeln und Bräuchen, Anordnungen und Vorschriften konstituiert, in dem Maß läuft sie Gefahr, sich die Kontrolle einer Gesellschaft anzumaßen. Und das aus einem einfachen Grund: Vor der Säkularisierung ließ das geistige Klima es zu, dass ein und dieselbe sakrale Macht Gesellschaft und Religion als Grundlage diente, wobei die Religion die Aufgabe hatte, mit der Macht umzugehen und sie zu steuern. Aber von dem Augenblick an, als sich mit der Säkularisierung das Sakrale an andere Orte verlagerte, war die Religion plötzlich „freischwebend", außerhalb ihrer gesellschaftlichen Einbettung. Sie darf weiterbestehen mit ihren Ritualen und ihrer Prachtentfaltung, ihren aufsehenerregenden Ereignissen und ihrer mahnenden Stimme, kurzum, sie darf all das tun, was gemeinhin von ihr erwartet wird. Das alles läuft aber auf einem Bildschirm ab, den man anschaut oder nicht. Eine einzige Bedingung gilt: Sie muss sich von Gewalt fernhalten. Dass es gut ist zu glauben, hat sich dahingehend gewandelt, dass es angenehm ist, ein schönes Schauspiel zu sehen. Die Leute sind gerne bereit, Aufführung und Darsteller anzuschauen und sie möglicherweise sogar zu bewundern, aber nur unter der Voraussetzung, dass sie Zuschauer bleiben dürfen.

Und doch verkörpern einzelne Personen dieses Gutsein des Glaubens in den Augen unserer Zeitgenossen: Papst Johannes XXIII., Abbé Pierre, Mutter Teresa. Betagte Männer und Frauen, die Gutes getan haben. Solche Menschen werden nicht aufgrund ihrer institutionellen Stellung bewundert, sondern aufgrund des Guten verehrt, das sie tun und für das sie mit ihrer Person einstehen. Die Menschen spüren, dass sie von diesen Personen zutiefst verstanden würden, wenn sie ihnen begegnen dürften. Dieses Beispiel orientiert unser weiteres Nachdenken.

„Für das Leben des Menschen"

Nach dem *Zweiten Vatikanischen Konzil* wurden verschiedene Gebete für die Messfeier neu verfasst – analog zur Frühzeit der Kirche mit ihrer reichen Auswahl an Gebetsformularen. Es genügt, einige Sätze aus dem „Hochgebet für Messen für besondere Anliegen"[2] zu lesen, um einen Ein-

---

[2] Anm. der Übers.: Die Übersetzung der Zitate folgt dem französischen Messbuch; hier auch die römischen Ziffern.

druck davon zu gewinnen, wie treu die Formulierungen an das Zeugnis des Evangeliums angelehnt sind:

– „Du hast deine Kirche versammelt [...], um Tag für Tag die Einheit des Menschengeschlechts wachsen zu lassen. Indem sie deine Liebe bezeugt, öffnet sie einem jeden die Tore der Hoffnung." (I)

– „[Christus] hat seine Liebe zu den Kleinen und den Armen, den Kranken und den Sündern erkennen lassen; er hat sich zum Nächsten der Unterdrückten und Geplagten gemacht." (IV)

– „Mache uns aufmerksam für die Bedürfnisse aller Menschen, damit wir, indem wir ihre Trauer und Angst, ihre Freude und Hoffnung teilen, ihnen in Treue die Frohe Botschaft vom Heil verkünden." (III)

– „Öffne unsere Augen für jede Not. [...] Mache deine Kirche zu einem Ort von Wahrheit und von Freiheit, von Gerechtigkeit und von Frieden, damit die ganze Menschheit neu geboren werden kann zur Hoffnung." (IV)

Dreimal liegt der Akzent nachdrücklich auf der Hoffnung: Damit ist ein sensibler Punkt berührt. Die religiöse Indifferenz wagt es nicht, sich auf sie einzulassen, und genauso ist ihr auch nicht mehr so recht klar, was Liebe im Zusammenhang einer Institution bedeuten könnte, wo doch für sie dieses Gefühl nur in einer zwischenmenschlichen Beziehung Sinn haben kann. Ein Teil dieses Vorbehalts lässt sich durch die Absichtslosigkeit entkräften, die in den zitierten Gebeten deutlich wird: Sie bitten darum, dass sich die Kirche in den Dienst der Menschen stellt, ohne um Anhänger zu werben. In der klassischen Theologie heißt das: Die Liebe entsteht aus dem Glauben und führt zum Glauben. Gewiss, aber heißt das nicht, über das Evangelium hinauszugehen? Das Ende des Markusevangeliums ist vorsichtiger; dort heißt es: „Wer glaubt und sich taufen lässt, wird gerettet[3]; wer aber nicht glaubt, wird verurteilt werden" (Mk 16,16).

In einer selbstverständlich religiösen Welt scheint dieser Satz unmittelbar einleuchtend. Allerdings wirft der zweite Teil die Schwierigkeit auf, dass er die Taufe unerwähnt lässt. Der erste Teil, der Glaube und Taufe verbindet, ist entschieden christlich. Die im Nachsatz formulierte Einschränkung jedoch lässt die Frage des Glaubens offen, weil der Aspekt seiner Anwendung nicht genannt wird: Er bleibt gleichsam in der Schwebe. Der Satz bei Markus muss daher mit Joh 3,18 zusammengebracht werden: „Wer an ihn [den Sohn] glaubt, wird nicht gerichtet; wer nicht glaubt, ist schon

---

[3] Zum Thema Rettung, Heil, siehe unten S. 116ff.

gerichtet, weil er nicht an den Namen des einzigen Sohnes Gottes hat glauben wollen."[4]

Johannes verortet sich in einem christlichen Kontext. Gleichwohl führt er ein entscheidendes Element ein: die willentliche Weigerung, an Jesus als das fleischgewordene Wort zu glauben (vgl. 1 Joh 4,2–3). Nun setzt aber ein Willensakt voraus, von der betreffenden Sache in Kenntnis gesetzt worden zu sein: Diejenigen, die aus Unkenntnis gar nicht imstande sind, nicht glauben zu wollen, sind also nicht gemeint. Somit bleibt ein nicht näher bestimmter Glaube. Worauf richtet er sich?

Das oben zitierte Beispiel vom Samariter kann hier Klarheit schaffen. Der Verletzte lag halbtot am Wegrand, zu einem überlegten und willentlichen Vertrauen außerstande. Sein Leben hängt von einem anderen ab. Der Priester und der Levit glauben nicht, etwas für ihn tun zu müssen. Der Samariter hingegen glaubt, ihn retten zu können und zu müssen. Im Zentrum des Gleichnisses steht also tatsächlich eine Art Glauben, ein „erster" Glaube an die Fähigkeit, einem anderen helfen zu können, dass er leben kann. Vertrauen beschränkt sich nicht darauf, einem anderen ein Geheimnis zu sagen oder eine Aufgabe zu übergeben (wie im Gleichnis von den Talenten, Mt 25,14–30). Vertrauen verwirklicht sich in der Wechselseitigkeit dessen, was die einen für die anderen tun, damit das Leben sich entfaltet. Auf diese Weise schafft das Vertrauen Menschlichkeit. Das kommt in der „goldenen Regel" zum Ausdruck: „Alles, was ihr wollt, dass euch die Menschen tun, das tut auch ihnen! Darin besteht das Gesetz und die Propheten" (Mt 7,12). Matthäus besteht darauf: Gott zu lieben und seinen Nächsten – „an diesen beiden Geboten hängt das ganze Gesetz samt den Propheten" (Mt 22,40). Das ist die Antwort auf die Frage Kains: „Bin ich der Hüter meines Bruders?" (Gen 4,9).

Dieser „erste Glaube", der sich für das Menschsein des anderen verantwortlich weiß, dieses Nächsten, den zu entdecken er drängt, kommt jedoch, darüber darf man sich nicht täuschen, in den Augen mancher einer bloßen Menschenfreundlichkeit gleich: Für sie sei dieser „erste Glaube" zu nebulös und vergesse, was „Gott zukommt". Der „wahre" Glaube strebe nach Höherem. Auf diesen Argwohn lässt sich leicht antworten, dass die Evangelien die Jünger Jesu unablässig an ihre Pflichten gegenüber den

---

[4] Anm. d. Übers.: So die Übersetzung von Pater Osty. Zu seiner Übersetzung merkt er an: „Wir haben dem Text ein wenig Gewalt angetan aus Treue zu dem psychologischen Element, das in der Verneinung und im Tempus des Originals enthalten ist." Émile Osty (1887–1981) gehörte zum Orden der Sulpizianer und zum Übersetzerteam der Jerusalemer Bibel.

Menschen erinnern: Das Handeln an den Geringsten, der Einsatz dafür, sie zu kleiden, sie zu speisen und sie zu besuchen, ist bei Matthäus der Maßstab, an dem die Dichte eines Daseins gemessen wird (vgl. Mt 25,31–46). So gesehen gibt es keine Konkurrenz zwischen dem Dienst an Gott und dem Dienst an den Menschen. Eine solche Rivalität ist dem Neuen Testament fremd.

So richtig diese Antwort sein mag, auch sie bleibt unzureichend – aus einem Grund, der hier kurz ausgeführt werden soll. Zunächst einmal spielen die uns geläufigen Unterscheidungen in der vom Sakralen durchdrungenen Welt der Antike keine Rolle: Gott zu lieben und seinen Nächsten geschieht in ein und derselben Bewegung. Das kulturelle Universum ist zutiefst geeint. Die Liebe zum Nächsten und insbesondere zu den Ärmsten zu betonen, lässt also nicht im Entferntesten die Befürchtung aufkommen, dass die Aufmerksamkeit für Gott darunter leiden könnte. Das ist der Standpunkt des heiligen Basilius oder des heiligen Gregor von Nazianz und anderer Kirchenväter. Dann kommt eine zweite Epoche, die sehr lange Zeit prägend gewesen ist. Sie beginnt mit der Unterscheidung zwischen der heiligen Gesellschaft, die die Kirche ist, und der bürgerlichen Gesellschaft, zwischen einer geistlichen Macht und einer weltlichen Macht. Diese Trennung kann seit der Epoche der Aufklärung als vollzogen gelten: Das Spirituelle verweist auf einen fernen Gott, der wenig eingreift, und das Materielle ist Sache der Politiker und der Gelehrten. In diesem gedanklichen Rahmen stehen der Glaube an Gott bzw. der Glaube an den Menschen, der Gottes- bzw. der Menschendienst zueinander im Gegensatz. Die *Verfassunggebende Nationalversammlung* [1789–1791] ließ die kontemplativen Orden verbieten, die apostolischen allerdings wegen ihrer Dienste an der Gesellschaft weiterhin wirken. Es ist eine Ironie der Geschichte, dass gerade diejenigen, die den „ersten Glauben" als zu humanistisch kritisieren, damit die letzten Vertreter des Dualismus der Aufklärung sind, die sie doch so wenig schätzen: Sie trennen das Spirituelle vom Sozialen.

Die Moderne tut sich schwer damit, einen Dualismus zu verstehen, für den sie keine Verwendung hat. Das zeigt, dass viele Probleme aus der Art und Weise der Problemstellung erwachsen und andauern oder vergehen, je nach der allgemeinen Geistesströmung, in der sie ignoriert oder provoziert werden. Heutzutage verbannt das allgemeine Denken Gott in den Bereich der Privatüberzeugungen; allenfalls kommt das Thema in spätabendlichen Fernsehsendungen vor. Es ist ein merkwürdiges, bisweilen auch anregendes Thema, dessen konkreter Nutzen allerdings weniger ersichtlich ist, außer im Fall einer ernsten Gefahr (und dann beklagen sich die Gläubigen über diesen Utilitarismus). Die religiöse Indifferenz ist von diesem Klima durchdrungen. Die entscheidende Frage ist selten die Frage nach Gott, sondern die Frage nach dem Menschen. Oder, genauer noch: Wenn die katholische Kirche sich mit der ganzen Vielfalt von Situationen und Problemen befasst, mit denen Menschen konfrontiert sind, dann tut sie dies in der guten Absicht, sich um die Verhältnisse der Menschen zu kümmern. Doch diese allumfassenden Einlassungen entsprechen nicht mehr dem allgemein herrschenden Denken. Es wirkt seltsam, zu allem und jedem Stellung zu beziehen. Freilich, die Medien tun das, und jeder schöpft daraus die Informationen, die seine Interessen betreffen. Solche Informationsflüsse verstärken nur bereits bestehende Überzeugungen und die Indifferenz anderen gegenüber. Dabei verstärkt sich der Eindruck, dass die Welt ihren Lauf nimmt, ohne dass das Engagement der Menschen irgendetwas daran ändern könnte – auch das ist eine Gestalt von Indifferenz. Gegenwärtig wird nicht eine allgemeine Weltdeutung auf einzelne Fragen heruntergebrochen, sondern die Gedanken bewegen sich gewissermaßen wie in einem Magnetfeld. Sie bleiben an den Vorstellungen haften, die mit einem schon vorliegenden Zentrum übereinstimmen. Also gilt es, dieses Zentrum in den Blick zu nehmen. Nun gibt es aber so viele Zentren in diesem zersplitterten Universum, wie es Menschen gibt, die mehr oder weniger überzeugt sind zu existieren. Sie schnappen auf, was sie interessiert, doch ohne sich zu engagieren, oder wenn, dann nur für kurze Zeit. Eine universale Betrachtungsweise weckt Misstrauen: Sie scheint einem System schon feststehender Gedanken zu entsprechen, wie etwa die neoliberale Philosophie, von der die Globalisierung beherrscht ist.

Kommen wir zur Antike und zum Neuen Testament zurück. Ein erhellendes Beispiel liefert uns die Gründung der Kirche von Philippi – erhellend gerade wegen seines fremden Charakters, denn es gehört in eine Welt, die ähnlich global von der Dimension des Religiösen durchdrungen ist wie die unsrige vom Individualismus. Paulus wird an der Fortsetzung seiner Reise gehindert und aufgefordert, sich in die römische Hauptstadt eines Bezirks in Mazedonien zu begeben: nach Philippi (Apg 16,9–40).

Die Erzählung besteht aus vier Episoden. Zunächst begegnet Paulus außerhalb der Stadt am Ufer eines Flusses einigen Frauen, die sich zum Gebet versammelt haben. Eine von ihnen, eine Purpurhändlerin aus der fernen Stadt Thyatira, schenkt seinen Worten Gehör. Er tauft sie, und sie schlägt ihm vor, ihn bei sich aufzunehmen. Danach heilt Paulus eine junge („besessene") Sklavin, mit deren Weissagungen ihre Herren gutes

Geld verdient hatten. Erzürnt über den Verlust einer so wertvollen Einnahmequelle, lassen diese den Apostel ins Gefängnis werfen. Von dort könnte er entkommen, denn ein Erdbeben lässt die Türen aufspringen. Doch damit der Gefängniswärter nicht hingerichtet wird, bleibt Paulus da und beruhigt ihn; der Wärter bekehrt sich und bittet um die Taufe. Schließlich lehnt der Apostel seine heimliche Freilassung ab. Er beruft sich auf seine Rechte als römischer Bürger, und die Verantwortlichen der Stadt kommen, um ihn „in Freundschaft" aus dem Gefängnis zu entlassen.

Welche Bedeutung hat diese Erzählung für uns heute? Zunächst, dass die Begegnung auf dem Spiel steht. Paulus fädelt sich in die unterschiedlichsten Bereiche des gesellschaftlichen Lebens ein: den Ort, an dem Frauen beten, das Gefängnis, die Institutionen der römischen Kolonialmacht. Er begegnet sehr wohlhabenden Frauen, einer ausgebeuteten Sklavin, einem aufgrund seiner Funktion verachteten Gefängniswärter, hohen Beamten. Und er pocht auf seine Rechte als römischer Bürger, ein Rang, der damals nur in seltenen Fällen verliehen wurde (Apg 22,28). Der kulturelle Rahmen mag sich deutlich von dem unsrigen unterscheiden, doch die Berührungspunkte sprechen für sich: Sie betreffen vier sehr unterschiedliche soziale Situationen. In dieser Hinsicht sind sie exemplarisch, auch für heute, weil sie die Aufmerksamkeit für die einzelnen Personen zum Ausdruck bringen. Aus der Begegnung mit dem Apostel erwachsen Vertrauen und Geschwisterlichkeit: Sowohl die reiche Händlerin als auch der Gefängniswärter nehmen Paulus bei sich auf.

Dieser Text ist und bleibt auch deshalb hochaktuell, weil er an die Widersprüche einer Gesellschaft rührt: Männer/Frauen, Freie/Sklaven, römische Bürger/Fremde. Sodann sind die Reibungspunkte zugleich Orte der Gewalt: eine junge, ausgebeutete Sklavin, eine ungerechtfertigte Verhaftung, die Tatsache, dass der Gebetsort einer fremden, nämlich der jüdischen Religion außerhalb der Stadtmauern liegt (nur die städtischen Kulte durften innerhalb der Mauern praktiziert werden). In Philippi kann die römische Vorherrschaft nach Belieben schalten und walten. Die Orte der Gewalt, die der Apostel aufsucht, sind geprägt von der Erfahrung fragiler Verhältnisse und blanker Angst.

Diese letzte Feststellung fügt der Beschreibung der Indifferenz ein Merkmal hinzu, das bisher stillschweigend übergangen wurde. Man sollte die Indifferenz nicht mit gutmütiger Freundlichkeit verwechseln. Da sie als Schutzwall fungiert, um jede innere Erschütterung des Subjekts abzuwehren, neigt die Indifferenz dazu, sich angegriffen zu fühlen und ihrerseits aggressiv zu werden. Sie ist in der Lage, mit Gewalt zu reagieren und vorbeugend den Aufstand zu inszenieren – allein auf den bloßen Verdacht hin, ein anderer könnte sich Zugang zu ihrem Innersten erzwingen. Die Macht der Gefühle bricht sich hier zuweilen ungehemmt Bahn. Einer der Protagonisten in einem Roman von Amélie Nothomb gesteht dies unumwunden. Er will ein Flugzeug in der Luft zur Explosion bringen und schreibt in sein Tagebuch: „Ich habe nichts gegen Menschen, ich neige zu Freundschaft und Liebe, aber eine Tat kann ich mir nur als etwas Einsames vorstellen. Wie soll man Großes vollbringen, wenn man ständig über irgendwen stolpert?"[5]

Zur Persönlichkeit der Einzelnen gehören auch Schwächen und Risse, Quellen von Gewalt, die durch die Widersprüche der Gesellschaft gespeist werden. Die Indifferenz neigt zu Übertreibungen. Diese Feststellung erhellt vielleicht eine überraschende Tatsache. So kommt es immer mal wieder vor, dass Frauen und Männer zu einer der verschiedenen Religionen konvertieren, die in unserem Land vertreten sind. Das Gefühlserlebnis, die Lebensveränderung führen nun zuweilen dazu, dass die Konvertiten eifriger, unnachgiebiger und strenger sind als die „angestammten" Gläubigen. Diese Inbrunst erklärt sich aus dem Verlangen, seine Sache sehr gut oder jedenfalls besser zu machen als die „Stammkunden", und aus dem Willen, in der neuen Gruppe vollständig akzeptiert zu werden. Solche Motive sind nachvollziehbar. Erstaunlich ist aber, dass diese Neubekehrten ihrer neuen Religion oft keine Hilfe sind, um die Mentalitäten zu verstehen, die sie hinter sich gelassen haben, und auch nicht, um sich von neuen kulturellen Elementen bereichern zu lassen. Die Konvertiten von heute machen sich rasch traditionelle Formeln zu eigen. Der nachahmende Rückgriff auf die Tradition dient ihnen gewissermaßen als Ausweisdokument. Sie haben sich nicht von ihrer Bekehrung bekehrt. Sie sind ohne Gepäck an ein anderes Ufer gereist. Sie haben sich gerettet. Dieses Wort hat zwei Bedeutungen. Sie haben sich gerettet im Sinne von: Sie sind geflohen; nicht im Sinne von: Sie sind von einem anderen gerettet worden. Damit stellt sich unmittelbar die Frage nach dem Heil.

---

[5] Amélie Nothomb, *Le Voyage d'hiver*, Paris, Albin Michel, 2005, p. 10 [zitiert nach der deutschen Übersetzung: *Winterreise*, Zürich, 2011, S. 6].

Vom Heil sprechen

Viele Prediger wissen nicht mehr so recht, wie sie vom Heil sprechen sollen. Ihnen ist instinktiv bewusst, dass dieses Wort, so sinnvoll es in einem religiösen Kontext auch nach wie vor ist, der Indifferenz gegenüber seltsam oder sogar unangemessen klingt. Denn der Indifferente fühlt sich nicht verloren, sondern am Boden zerstört; er fühlt sich nicht sündig, sondern als „ein Nichts". Die fundamentale Frage lautet: Hat mein Dasein einen Wert? Den Wechselfällen des Arbeitsmarkts und dem Druck von Konsum und Mode ausgeliefert, ist der Mensch seiner selbst unsicher und verletzbar geworden. Er bewohnt eine Welt, die vollgestellt ist von unterschiedlich empfundenen Totalitarismen, vor denen sich ein Abgrund der Leere auftut. Die Märkte versuchen, die Leere zu kaschieren. Was gestern beruhigend war – der Fortschritt, die Entdeckungen – ist heute beängstigend. Es wird verkündet, nicht ohne Illusion, dass die Welt unter Kontrolle ist und dass die Wissenschaften die weißen Flecken auf der Landkarte unserer Kenntnisse bald beseitigt haben werden. Diese Welt ist voll wie ein lückenlos gefüllter Terminkalender. Sie zeigt sich oft als mitleidlos und unerträglich.

Der „erste Glaube" stört diese Geschlossenheit, weil er sich auf eine andere Grundlage stützt. Was der technische Fortschritt und die verbesserten materiellen Lebensverhältnisse auch erreichen mögen, das Menschsein bleibt unvollendet. Es ist abhängig von den Beziehungen zwischen den Menschen. Hier offenbart sich also die Unvollständigkeit des Menschen in allem, was er tut und besitzt, weil sich der Zugang zum Menschsein erst dank der anderen öffnet. „Der Glaube spricht von der Nichtvollendung des Realen."[6] Damit sagt er, dass das Streben nach Menschsein wesentlich ist. Mensch zu sein verlangt eine Öffnung. Die Wirklichkeit soll aufgerissen werden, so, wie [beim Tod Jesu] der den Tempel abtrennende Vorhang zerreißt. Der Glaube kommt auf die erste in der Bibel gestellte Frage zurück: „Adam [= Mensch], wo bist du?" (Gen 3,9).

Als der Apostel Paulus erfährt, dass die Christen von Korinth sich nach dem Muster der in der Stadt herrschenden Klientelwirtschaft wieder in selbstbezogene, geschlossene Gruppen aufgeteilt hatten, beschreibt er ihnen all die Fülle die sie umgibt: Welten voll von Gesetzen, voll von Weisheit, voll von Gottheiten und irdischen Mächten, voll von Wunderbarem

---

[6] Carlos Mendoza-Álvarez, *Deus absconditus. Désir, mémoire et imagination eschatologique*, Paris, Le Cerf, 2011, p. 34.

(1 Kor 1-3; 11,19; 14). Geschickt holt er sie aus diesen Burgen heraus. Er erinnert sie auch an ihre einfache Herkunft. Vor allem aber stellt er ihnen das Kreuz vor Augen (1 Kor 2,2), das Zeichen der Schande dessen, den sie nicht gesehen haben, der sie aber ruft. Mit anderen Worten: Er öffnet ihnen die Tür (Apg 14,27), er lässt Luft hereinkommen, er lässt sie ausziehen aus der unterdrückenden Einförmigkeit Babylons. Der wesentliche Unterschied ist der zwischen Verschlossenheit und Offenheit. Die Tür öffnen, die Mauer durchbrechen: Dieses Geschehen definiert das Heil.

Wir kommen hier dem inneren Widerspruch der indifferenten Person auf die Spur, die sich einerseits vor den anderen schützen und andererseits von ihnen anerkannt werden will. Sie zieht sich zurück, um sich vor jedweder Öffnung zu schützen, doch „die Festung ist leer" (Bruno Bettelheim)[7]. Folglich sehnt sie sich nach Begegnungen, um diese Leere zu füllen, und wehrt sich zugleich dagegen. Wenn sie von etwas angerührt wird, greift oft ein Schutzreflex und verhindert, dass sie in die Dynamik einer Beziehung eintritt, in der ein Erkennen möglich wird. Dieser Widerspruch zeigt sich bis in die Art und Weise hinein, sich um den anderen zu kümmern. Diese Öffnung, die rettend sein könnte, setzt ihr absolutes Heil oft auf punktuelle humanitäre Hilfe und hält das Wie des Handelns für weniger wichtig. Alle Aktionsformen sind gleichwertig, von Partnerschaften bis zu Geldspenden. Und so kommt es, dass ein Teil der Aktionen von Nichtregierungsorganisationen, wohlgemerkt nur ein Teil, sich in eine Industrie des Spendensammelns und der Verteilung von Hilfsmitteln wandeln kann, ohne die „Nutznießer" der Hilfsleistungen auch nur im Geringsten mitsprechen und mitentscheiden zu lassen.

Jesus tut das Gegenteil: Was absolut ist für ihn, ist das Eintreten in eine Beziehung, die lebendig macht. Im Verhältnis zur menschlichen Nähe wird die geleistete Hilfe weniger wichtig. Jesus trifft den Kern des Widerspruchs, denn er geht nicht von sich selbst, sondern von der Situation des anderen aus. Wie der barmherzige Samariter macht er sich zum Nächsten.

Die religiöse Indifferenz konstruiert oft ein Gottesbild, das genauso verschlossen ist wie sie selbst. Dies erinnert in einem Gleichnis Jesu an den dritten Knecht, der nur ein Talent erhält: Er gräbt es ein, weil er seinen Herrn fürchtet, von dem er sich die Vorstellung macht, streng und

---

[7] Anm. d. Übers.: Bruno Bettelheim (1901-1999) war ein amerikanischer Psychoanalytiker, der sich zu einer Zeit, als es noch kaum Forschungen zum Krankheitsbild des Autismus gab, mit Menschen beschäftigte, die als autistisch eingestuft wurden. Das Wort von der Festung, die als leer entdeckt wird, gehört wahrscheinlich in diesen Zusammenhang.

mitleidlos zu sein (Mt 25,24–25). Er macht sich zum Gefangenen seines eigenen Trugbilds.

Den von der Indifferenz aufgerichteten Schutzwällen begegnet Jesus mit einer Realität, die diesem Bild entgegengesetzt ist. Nackt am Kreuz, ohne jeden Schutz, dem Hohn preisgegeben, setzt er sein Leben rückhaltlos aus. Diese Demut gegenüber der Welt entspricht der von der indifferenten Person empfundenen inneren Leere, dem „Nichts-Sein", der Tatsache, sich für ein „Nichts" zu halten. Der Gekreuzigte ebnet die Unterschiede nicht ein, löscht niemanden aus. Er schenkt den Gegensatz zur Indifferenz: die Andersheit, die nicht wesentlicher gedacht werden kann.

Als Auferstandener zeigt er sich nicht etwa unversehrt, wie es der Auferstehungsglaube vielleicht erwartet hätte, sondern er behält seine offenen Wunden und seine geöffnete Seite: offener Mensch mit durchbohrten Händen, der berührt, ohne festzuhalten, der einfach nur da ist. Eben weil er das Gegenteil der Indifferenz ist, weil er so anders ist, wie er anders nicht gedacht werden kann, deswegen kann er zu ihr sprechen und ihr seinen Glauben anbieten.

Kapitel 8
Glauben heißt tun

„Wer aber die Wahrheit tut, kommt zum Licht."
(Joh 3,21)
„Das ist das Werk Gottes, dass ihr an den glaubt, den er gesandt hat."
(Joh 6,29)

Der nächtliche Charakter des Glaubens, der Respekt, mit dem er die Nähe des anderen sucht, dessen Innerstes sich nicht mit Gewalt einnehmen lässt, sind von jeher bekannt. Der „erste Glaube" hingegen, dieses radikale Vertrauen in einen anderen, diese Spannung auf ein Ziel hin, das über die Gegenwart hinausgeht, wird erst seit kurzem verstärkt wahrgenommen, vermutlich aufgrund der Tatsache, dass sich immer mehr Menschen vom etablierten Glauben distanzieren. Doch ein Glaubenssystem abzulehnen, heißt nicht, an gar nichts zu glauben. Die Alten wussten von diesem „ersten Glauben". Das bezeugt gegen Ende des 12. Jahrhunderts ein Zisterziensermönch mit Namen Thomas. Er unterschied einen „dreifachen Glauben": „einen eher rohen, einen eher reinen und einen eher festen. Der erste war vor der Menschwerdung Christi da, der zweite nach seiner Auferstehung, der dritte bei der Sendung des Heiligen Geistes nach der Himmelfahrt."[1]

Thomas drückte sich in den Kategorien seiner Zeit aus. Schon der Abstand zwischen seiner Ausdrucksweise und unserem heutigen Denken sensibilisiert für die psychologischen und sozialen Strukturen, von denen die Formeln des Glaubens durchtränkt sind; sie sind durch und durch abhängig vom Kontext, in dem sie entstehen. Häufig bestimmt der archaische Hintergrund des Sakralen den Diskurs. Die rationalen und theologischen Argumente kommen erst danach, gleichsam als Rechtfertigung. Nun sind aber psychische Strukturen nicht gegen innere Konflikte gefeit und soziale Organisationen nicht gegen Machtkämpfe. So dringt gegen Ende des 14. und während des gesamten 15. Jahrhunderts eine neue Frömmigkeit (die sog. *Devotio moderna*) in Kreise von Laien ein, die offen sind für Lektüre und Ideenaustausch; oft gebildeter als ihre Pfarrer, entsteht

---

[1] Thomas le Cistercien, *Commentaire sur le Cantique des Cantiques*, V, 9, Saint-Jean-de Matha (Québec), coll. Pain de Cîteaux, n° 32, 2012, p. 22.

unter ihnen ein echter Wissensadel. Im Gegenzug bauen die „Kleriker" in den Orden und an den Universitäten ihre Privilegien aus, um ihre Situation abzusichern, das heißt, sie isolieren und schützen sich durch unangreifbare Statuten.² Es war eine Welt mit ihren Ausnahmen, aus denen später die zahlreichen Sonderregelungen, etwa in puncto Besteuerung, entstehen sollten. Die Privilegien weiten sich aus und garantieren, wie wir gesehen haben, den Angehörigen des hohen Klerus Sonderstellungen, einzig und allein, weil sie Kirchendiener sind. Das geht schließlich so weit, dass der Glaubensvollzug [*croire*] unter diese Ausnahmeregelungen zu fallen scheint ... Diese Entwicklung begünstigte bereits den Ansehensverlust des Glaubens.

Diesem Auseinandergehen von Klerikern und Laien entspricht eine andere Trennung: der Bruch zwischen Staat und Glaube. Ihre Trennung steht am Beginn der Religionskriege in Frankreich [Edikt von Nantes (1598) und seine Widerrufung (1685)]. Es fiel nicht leicht zuzugeben, dass die Einheitlichkeit der innersten Überzeugungen nicht durch Gesetze zu erzwingen war, auch wenn die Regierenden das im Namen einer Einheit, die ihrer Politik zugutegekommen wäre, gerne gehabt hätten. Die Republik Venedig verstand es, ihre Praktiken moderat zu säkularisieren, ohne den christlichen Glauben anzutasten: Der Glaube hält eher stand als das Sakrale.³

Der Glaube lässt sich also nur verstehen in den Begriffen einer jeweiligen Zeit und der Menschen, die an der Ausarbeitung von Formulierungen beteiligt sind, und zwar auch jener, die dem Glauben widersprechen. Welcher Beitrag kann nun von der Indifferenz erwartet werden?

Überschneidungen und Anpassungen

In einer Zeit, in der die Gesellschaft sich für mehrheitlich christlich hält, „versteht sich der Glaube von selbst", wie man sagt. Nur seine Ausdrucksformen und seine Verbindlichkeiten bleiben zu präzisieren. Das tragende Fundament der allgemein anerkannten Überzeugungen und Praktiken lie-

---

[2] „Diese Verweltlichung nutzt nur einer Elite und entlarvt die Täuschung, die die Öffnung der Religion in Richtung auf die Gesellschaft im Grunde genommen darstellt" (Laurent Bolard, „Le paradoxe de l'érudit. Jérôme et Augustin dans la peinture du Quattrocento", *Études théologiques et religieuses* vol. 81, n° 2 [2006], p. 161).

[3] Laurent Bolard, „De Commynes à Carpaccio. Essai sur la rhétorique de l'espace vénitien autour de 1500", *Revue des langues romanes*, CXII, 2008, vol. 112, p. 145.

fert dem Glauben eine Grundlage, die Distanzierungen und Angriffen standhält und vor Zweifel und Kritik schützt. Die religiöse Welt nötigt sich nicht auf wie eine intellektuelle Unterdrückung. Sie ist einfach gegeben, schon da, unanfechtbar. Hält man an der Definition des Sakralen fest als desjenigen, was eine Gesellschaft als ihre Grundlage akzeptiert und worüber es, um eines gemeinsamen Lebens willen, keine Diskussion gibt, bekommt man eine Idee von der Legitimation, die der Glaube aus diesem Sakralen schöpft.

Die gegenwärtige Situation erweist sich als komplexer. Sie macht es notwendig, zwei unterschiedliche, aber miteinander zusammenhängende Fragen gleichzeitig zu behandeln: die Frage des Glaubens selbst, das heißt, die Frage der Zustimmung zu einem persönlichen Inhalt mit allem, was dies für die Existenz derer bedeutet, die sich zu glauben entscheiden; und die Frage der Sichtbarkeit dieses Glaubens in seinen sozialen, kulturellen oder ethischen Bekundungen. Das Verhältnis zwischen diesen beiden Dimensionen des Glaubensausdrucks geht weit über das oberflächliche Thema von Form und Inhalt hinaus. Was den Inhalt betrifft, so hält die Indifferenz ihn für eine rein individuelle Überzeugung, eine Sache der Entscheidung oder zumindest der persönlichen Vorliebe. Diese „Fideismus" genannte Haltung gewinnt die Oberhand mit der Meinung, der Glaube sei nichts weiter als eine Neigung des Subjekts. Der Inhalt wird in diesem Fall mit der Form identifiziert. Und was die Form angeht: Wer erinnert sich nicht an die vielen, durch einen konsequenten Glauben zu ihrem Engagement erzogenen Aktivisten, die in ihrem Eifer jedweden religiösen Bezug über Bord warfen? Die Form ist zum Inhalt geworden. Entweder ist der Vollzug des Glaubens gleichgültig geworden oder sein Inhalt – beides bestätigt die Indifferenz dem Glauben gegenüber.

Der Glaube wird genau dort „begreifbar", wo die persönliche Zustimmung und die Umkehr im Verhalten zusammenkommen. So schön diese Einsicht ist, sie bleibt komplex und somit wenig brauchbar, um mit einer Indifferenz in Kontakt zu treten, die im Ruf steht, „die einfachen Dinge" zu lieben. Die Komplexität rührt daher, dass es nicht ausreicht, den Glauben durch logische Analyse oder durch gefühlsmäßiges Erfassen begreifen zu wollen, so, wie ein Kunstwerk kommentiert werden kann. Ein echter Kunsthistoriker lässt sich von einem Werk die Augen öffnen.[4] So ist es

---

[4] Bolard weist hier auf ein Paradox hin [das Kunstwerk, auf das er bezieht, ist ein Fresko]: „Es funktioniert ... ‚wie eine Falle', indem es uns dazu verlockt, uns einer Welt zu nähern, die sich unserem Verstehen letzten Endes entzieht" (Laurent Bolard, „Le paradoxe de l'érudit", a.a.O., p. 159).

auch mit dem Glauben: Der Glaube erzieht den Verstand, der ihn begreifen will. Er verändert den Blick, den man auf ihn richtet. Ein Beispiel findet sich an der romanischen Fassade der Kirche Notre-Dame-la-Grande (Poitiers): Dort weist die liegende Maria mit einer überdimensionalen Hand auf ihr Kind. Es ist eine „theologische", keine realistische Hand. Sie unterstreicht die Glaubensaussage dieser Geste: Maria führt zu Jesus hin.

Verlassen wir den Bereich der Kunst und begeben wir uns auf das Gebiet der Pastoral. Wer in den 1960er Jahren als Schulseelsorger an Gymnasien tätig war, wird sich noch an nichtgläubige Schüler erinnern, deren Anwesenheit die Mitschüler aus kirchentreuen Familien regelrecht vergraulte. Interessierte Fragensteller, die sie waren, rebellisch gegenüber dem Christentum, verstörten sie ihre gläubigen Mitschüler, die außerstande waren, den Blickwinkel der anderen einzunehmen, und die sich durch die geringste Infragestellung gekränkt fühlten. Und das sind nicht nur Reaktionen von Heranwachsenden. In demselben Jahrzehnt haben erwachsene Gläubige versucht, den geringsten Zweifel im Keim zu ersticken; sie waren mehr darauf aus, zu siegen (*vaincre*) als zu überzeugen (*convaincre*). Die Gelegenheit zum Dialog wurde verpasst, und die Kirche distanzierte sich von den Menschen. Verbittert, weil sie sich nicht hatten durchsetzen können, nährten die konservativen Strömungen einen blinden Traditionalismus. Und so werden immer und immer wieder dieselben Fehler gemacht: Der Rigorismus eines moralischen Jansenismus brachte die Menschen vom Glauben ab; die Härte, mit der die Antimodernisten agierten, gab der Laizität Nahrung; das abgehobene Spirituelle führte zum Materialismus ... Das Schlimmste begegnet einem nicht bei den Ungläubigen; das Schlimmste ist die Härte eines in sich verkrampften Glaubens. Unwissenheit und Angst sind die „Mütter aller Laster": wenn einen die Fragen der anderen aus der Fassung bringen, wenn man nicht selbst durch diese Fragen hindurchgegangen ist, wenn der Glaube mehr auf Gewohnheit bzw. Indoktrinierung beruht als auf einer immer weiterentwickelten Einwurzelung; aus Angst vor der Erschütterung des eigenen Glaubens werden Menschen intolerant, aggressiv, anfällig, das kann manchmal bis zum Terrorismus führen. Ja, das Schlimmste ist nicht auf Seiten der Ungläubigen! Daher die schlechte Presse der Religionen! Es ist nicht so, dass die Kirche diese Exzesse immer gewollt hätte – aber sie war zu nachsichtig mit ihnen, aus Verblendung.

Wie also kann man die Kraft des Glaubens von der Kraft eines Senfkorns unterscheiden, das „das kleinste von allen Samenkörnern" ist (Mt 13,32)? Genau das nämlich ist die Frage, die sich durch die Indifferenz stellt. In einer Zeit, in der die Religionen im öffentlichen Raum sich immer mehr durchmischen, ist mancher versucht, das Christentum einfach nur als ein religiöses Phänomen unter vielen zu betrachten. Die einen gehen in die Moschee, die anderen in ihren Tempel, die Katholiken in die Kirche. Eine banale Liste, die sich fortsetzen ließe. Es ist aber ein echter Versuch, den Pluralismus der Religionen zu begreifen und, manchmal, ihn zu begrenzen. In diesem Sinne bemächtigt sich die Vernunft des religiösen Phänomens, um es so zu „behandeln", wie es ihren Kategorien des Interpretierens entspricht: Das Christentum ist demnach ein soziologisches und historisches Phänomen, das die abendländische Kultur geprägt hat und nun seinem Ende entgegengeht. „Sie redeten vom Gott Jerusalems wie von den Göttern der anderen Völker auf der Erde, die nur ein Werk von Menschen sind" (2 Chr 32,19). So schrieb der Verfasser des zweiten Chronikbuches über die assyrischen Invasoren unter Sanherib, die zur Zeit des Königs Hiskija Jerusalem belagerten (Anfang des 7. Jahrhunderts vor unserer Zeitrechnung).

Die griechisch-lateinische Ausdrucksform des Christentums stellt neben anderen orientalischen Glaubensvorstellungen sicherlich eine kühne und gewaltige Schöpfung dar, die den christlichen Glauben in verständlicher und glaubhafter Weise für diese Kultur präsentierte. Dennoch gibt es Aspekte, die kritisch zu untersuchen sind: Der eine hat damit zu tun, dass der Verstand seine eigenen Voraussetzungen nicht immer prüft; der andere Aspekt hat mit der Tatsache zu tun, dass die Übersetzung [des Christentums] noch immer andauert, obwohl die Kultur, in die hinein es übersetzt wurde, immer schwächer wird und in die Ferne rückt. Ihre Bewahrung kommt den Hütern des Tempels entgegen, und der einmal gefundene Stil ersetzt die Architektur. Genau das ahnt die religiöse Indifferenz: Sie „wittert", dass das nicht ihre Welt ist.

Das Übersetzen des christlichen Glaubens setzt voraus, das Christentum als eine Lehre zu lesen, was es erst in zweiter Linie ist. Mit anderen Worten: Eine Lehre zu akzeptieren, heißt nicht unbedingt, sich zu ihr zu bekehren. Wie Menschen zum Ausdruck bringen, dass sie glauben, kann sich tangential zum Glauben verhalten. Die Schönheit der intellektuellen Konstruktion vergisst den Glanz der Person, ihre „Herrlichkeit". Das Christentum ist vor allem eine Person und ein Ereignis: Beide überraschen durch die Absichtslosigkeit ihres unerwarteten Auftretens. Das Wort ist Tat. Das Verhalten Jesu versetzt Menschen in Staunen und erregt Anstoß. Er offenbart in seiner Person einen Gott, mit dessen Vorstellung die Menschen nicht vertraut waren. In seinen Bezugnahmen auf das Alte Testament geschieht Offenbarung, aber nicht in dem Sinn – wir haben oben davon gesprochen –, dass eine Entwicklerflüssigkeit enthüllt, was auf einem Film unsichtbar schon da war. Jesus schöpft vielmehr aus den alten Texten und gibt ihnen einen neuen Sinn. Damit setzt er sich aus, und, indem er sich aussetzt, ereignet sich seine Offenbarung. Dieses Neue im Herzen des Rückbezugs auf das jüdische Erbe verweist auf das besondere Ereignis, das er ist. Er ist einzig.

Das führt uns zurück zu einem wesentlichen Punkt: Wenn keine Nähe, keine Berührung durch das radikal Neue zugelassen wird, bleibt der Glaube in den gewohnten Glaubensaussagen stecken und verliert sich im allgemein Akzeptierten. Jede Überraschung verflüchtigt sich. Ein etabliertes Schema folgt auf das andere. Menschen, die sich nicht verwandeln lassen durch das unerhörte Ereignis, das Christus ist, konservieren einen toten Gott als Gegenstand von Theodizee-Abhandlungen[5].

Viele Formeln, die den Glauben begreifen wollen, sind entweder von früher her allzu bekannt oder sie sind allzu angepasst an heutiges Vokabular. Das nicht endende Spiel ihrer Ableitungen ermüdet – es verhindert jegliches Staunen und die Lust, sich auf die Suche zu begeben, Neues zu entdecken. Die Indifferenz schaut von Ferne zu.

Von Angesicht zu Angesicht

Die vorangegangenen Bemerkungen umreißen den Kern des Problems: die Vorstellung von Gott. Seit dem 18. Jahrhundert dient eine allgemeine Gott-Gläubigkeit, auch unter christlicher Flagge, der Mehrheit der Franzosen als Religion. Diese abstrakte Gottheit, die nicht die geringste Regung eines Verlangens weckt, besitzt gleichwohl genügend Eigenschaften, um ihre Stellung zu halten. Der Deismus bewegt sich auf einer vertikalen Linie: Gott thront mit Macht über den Menschen. Er ist also die Gottheit der Ordnung („Gott liebt die Ordnung", um den heiligen Augustinus zu zitieren), will sagen: der Hierarchie. Diese vertikale Linie kann sich auch umkehren: Die Gottheit *von unten* fördert das Einfühlungsvermögen. Im einen wie im anderen Sinne handelt es sich um eine Macht: entweder die der Organisation oder die der Gefühle. In welchem Gewand auch immer, die vertikale

---

[5] Anm. d. Übers.: Albert Rouet sagt wörtlich: „les consciences naturalisent Dieu en théodicée". *Naturaliser* bedeutet im Französischen einbürgern, aber auch: ausstopfen (ein totes Tier), präparieren, haltbar machen. Für die Theodizee, die Frage nach der Gerechtigkeit Gottes, prägte Leibniz ursprünglich auf Französisch den Begriff *théodicée*, und zwar in seinem Werk „Essais de Théodicée sur la bonté de Dieu, la liberté de l'homme et l'origine du mal" (1710).

Linie setzt sich durch. Sie schließt ein Gegenüber auf gleicher Höhe aus. Die Macht erzeugt Ohnmacht, und aus der Ohnmacht entsteht kein Leben. Die Evangelien nähern sich der Vorstellung von Gott auf einem anderen Weg: dem des Bundes. Der Bund, den Gott den Menschen vorschlägt, entspricht ihm, der selbst als Gemeinschaft von drei einander ebenbürtigen Personen – Vater, Sohn und Geist – lebt. Als der Bund, der er ist, teilt er sich mit. Sicher gehören diese Aussagen zu den am schwersten zugänglichen des christlichen Glaubens. Sie beunruhigen auch am meisten – weil es um die Beziehung zu Gott geht, um eine Beziehung von Angesicht zu Angesicht. Die Beziehungen zwischen einander ebenbürtigen Personen berühren nun gerade die Herzen jener Menschen, die sich in Indifferenz hüllen. Denn dass Menschen mit Gott in eine Beziehung der Wechselseitigkeit eintreten können, erscheint ihnen unerhört und noch nie dagewesen, weil sie die darin vorausgesetzte Ebenbürtigkeit für unerreichbar halten und weil es ihnen an personalen Beziehungen fehlt, die ihnen Leben geben. Des Deismus überdrüssig, werden sie von einem Gott des Bundes überrascht.

Er überrascht, weil seine Offenbarung an die tiefsten Sehnsüchte rührt. In diesem Zusammenhang lassen sich – sehr verkürzt gesagt – zwei Sprachen des Glaubens unterscheiden. Die erste spricht, verkündet, proklamiert. Sie erläutert, legt dar: Was sie vorbringt, ist ihr bekannt, beinahe sichtbar. Die Gottesbeziehung grenzt an einen direkten Kontakt. Gott spricht oder man lässt ihn sprechen. Diese Redeweise hat Mühe, mit Menschen ins Gespräch zu kommen – zumal mit denen, die nicht wissen, was sie sagen sollen. Es ist eine Sprache der Fachleute, der Insider.

Es gibt aber auch eine andere, dichtere Sprache, die in wenigen Worten auf das Wesentliche zielt. Das Senfkorn könnte einem einfallen, doch um seine Botschaft zu verstehen, braucht es zumindest einen Gartenliebhaber. Als treffender und fruchtbarer für diese Suche erweisen sich Äußerungen des Paulus, besonders seine Perspektivwechsel. Statt sich in eine Theorie der Gotteserkenntnis zu stürzen, schreibt der Apostel an die Korinther: „Wer aber Gott liebt, der ist von ihm erkannt worden" (1 Kor 8,3). Erkennen wird im Passiv konstruiert: „Ich werde erkennen, so wie auch ich erkannt worden bin" (vgl. 1 Kor 13,12). Genauso ist es mit dem Leben des Glaubenden: „Ich strebe danach, es zu ergreifen, weil auch ich von Christus Jesus ergriffen worden bin" (Phil 3,12). Die Bewegung geht von Gott aus und zielt auf den Menschen. Der Vorrang des Handelns Gottes wird Paulus schlagartig klar, als er entdeckt, dass der Ursprung dessen, was er ist und was er tut, ihm durch den Sohn Gottes zukommt, „der mich

Kapitel 8: Glauben heißt tun

geliebt und sich für mich hingegeben hat" (Gal 2,20). Diese Initiative zieht ihn heraus aus dem lückenlosen System, in dem er, selbst unterdrückt, andere unterdrückte. Am Ende fasst er Vertrauen: „Ich weiß, wem ich Glauben geschenkt habe" (2 Tim 1,12). Er glaubt, weil er erreicht worden ist.

Von dieser ersten Bewegung aus, die die gesamte Bibel durchzieht, sofern sie eben das Buch des Bundes ist, weitet sich der Horizont wie ein Licht in der Umgebung der Lichtquelle. Deshalb nimmt die Bibel auf, was sie umgibt, verwendet es wieder und durchwirkt es. Sie greift ältere Riten auf. Gleichzeitig macht sie sich Erzählungen von einer für uns unerträglichen Gewalt zu eigen: Ein Levit zerstückelt seine vergewaltigte Nebenfrau (Ri 19), Jaël rammt ihrem Gast einen Zeltpflock durch den Kopf (Ri 4), Jiftach opfert seine Tochter (Ri 11), David liefert Sauls Nachkommen dem Tod aus (2 Sam 21) usw. Für unsere Zeit verwirklicht sich Gerechtigkeit, wenn Schuldige benannt und bestraft werden. Dann ist es, als würde die Schuld aus der Gesellschaft entfernt. Gerichte setzen die Grenzen des Bösen fest, indem sie, gestützt auf eine Gesetzessammlung, den identifizieren, der dagegen verstößt. Die Gesellschaft trennt also und sortiert aus. Die Vorgehensweise der Bibel ist eine andere: Sie geht von einem einzigen Punkt aus – dem Bund –, um den nach und nach alles menschliche Tun gesammelt wird, um dann Stück für Stück zu beseitigen, was mit diesem Kern unvereinbar ist. Auf diese Weise ist alles in der Bibel enthalten: Gewalttaten, Morde, Inzest ebenso wie Treue, Hingabe und menschliche Größe. Nichts von dem, was Menschen tun, stößt sie ab. Weil sie alles um ihren Brennpunkt versammelt, was die Geschichte an Zorn, Klagen oder Indifferenz (vgl. Apg 17,32) mit sich führt, berührt die Bibel den Menschen so, wie er ist. So erlangt sie die Berechtigung, zu ihm zu sprechen.

Welcher Berührungspunkt?

Eine allzu starke Erklärung, eine Überlast von Begründungen und Beweisen schreckt die Indifferenz ab: Sie zieht sich in sich selbst zurück oder kommt zu dem Schluss, dass sie einer unter Gläubigen üblichen Vorführung beiwohnt. Umgekehrt kann auch die Berufung auf die Demut und Armut Gottes schrecken, denn gerade heute macht das Elend Angst. In einer wohlhabenden Gesellschaft rührt der Arme an; in Zeiten der Krise und der Rezession spiegelt er, was jeder zu werden fürchtet. Beide Spielarten der Apologetik stoßen an eine Wand, mit einem Zuviel an Überzeugung oder einem Zuwenig an Zumutung.

Eine analoge Szene findet sich im Markusevangelium. Jesus kommt in seine Heimatstadt Nazareth. Seine Lehre bestürzt seine Mitbürger: „Woher hat er das alles? Was ist das für eine Weisheit, die ihm gegeben ist!" (Mk 6,2). Dann nehmen sie sich seine Wurzeln vor: Seine Verwandten leben unter ihnen. Ob von oben oder von unten, Jesus bringt sie aus der Fassung. Sein Wort findet in ihnen keinen Widerhall, sie stecken fest zwischen ihrer Gier nach Wundertaten und ihrem Umgang mit diesem gut bekannten Nachbarn. Was sie von ihm kennen, hindert sie daran, mehr wissen zu wollen. Der Sohn Marias „wunderte sich über ihren Unglauben" (Mk 6,6). Nichts verunsichert ihre Vorurteile. Die Indifferenz unserer Zeitgenossen ruft dieselben Reaktionen hervor.

Ein Abschnitt aus dem Johannesevangelium gibt unseren Gedanken eine neue Richtung. Die Szene spielt nach der Brotvermehrung in der Synagoge von Kafarnaum. Dort spricht Jesus diesen erstaunlichen Satz: „Niemand kann zu mir kommen, wenn nicht der Vater, der mich gesandt hat, ihn zieht" (Joh 6,44). Weiter unten erklärt er, dass es sich um etwas handelt, was der Vater gibt (vgl. Joh 6,65). Damit führt Jesus eine Unterscheidung ein: Zu ihm zu kommen heißt, sich von ihm, der sein Leben gibt, anziehen zu lassen (Joh 12,32). Darin äußert sich der ganze Glaube (Joh 6,29). Der Weg dorthin beginnt mit einer Anziehung des Vaters, einer Anziehung, die von dem ausgeht, der seinen Sohn sendet. Diesen Vater aber kennen die Menschen nicht (Joh 7,28; 8,19), nicht einmal die, die ihn anbeten (Joh 4,22). Hier begegnet uns etwas von jenem „unbekannten Gott", den die Athener den Worten des Paulus zufolge verehrten (Apg 17,23: „Was ihr verehrt, ohne es zu kennen"). Wie kann jemand von etwas oder einem Unbekannten angezogen werden? Diese Frage hat zwei Ebenen: Erstens kommt die Anziehung aus dem Innersten des Menschen, und nicht von außen; zweitens muss diese Zugkraft stark genug sein, um einem Verlangen, einem Bestreben seine Spannung zu geben.

In den 1980er Jahren hat Roger Garaudy, damals Marxist, in einer Debatte mit Pater Giulio Girardi, der dieses Thema ansprach, geantwortet: „Der Durst bringt nicht die Quelle hervor". Will sagen: Das Verlangen nach Gott ist kein Beweis dafür, dass Gott existiert. Freilich, doch die Sache ist vielleicht nicht gar so einfach! Auch wenn man nicht so weit geht, eine Quelle, einen Brunnen in der Wüste (wie bei Saint-Exupéry) postulieren zu wollen, so haben doch der Durst und die Quelle oder die Wasserlache oder der Teich etwas gemeinsam, nämlich die Existenz von Wasser. Ohne

Kapitel 8: Glauben heißt tun

Wasser keine Quelle, aber auch kein Durst. Das Wasser ist das Bindeglied zwischen dem Durst, dem Verlangen und der Quelle.

Gibt es Wasser im Herzen der Indifferenz, oder ist sie ein toter Planet? Der Evangelist Johannes spricht häufig vom Wasser, angefangen bei der Samariterin am Brunnen bis hin zum Wasser, das aus der Seite des Gekreuzigten fließt. Doch für das Verlangen nimmt er ein anderes Bild: das Licht. Er spricht vom „Licht, das jeden Menschen erleuchtet" (Joh 1,9). In seinem Kommentar zu dieser Stelle weist Meister Eckhart[6] die „falsche Vorstellung" zurück, „dass die Gnade allein Licht sei, während doch jede Vollkommenheit, vor allem das Sein selbst, ein Licht ist und die Wurzel jeder leuchtenden Vollkommenheit."[7]

Das erinnert an den folgenden Abschnitt bei Pseudo-Dionysius[8]:

„Selbst ein Mensch, der nach dem schlechtesten Leben strebt, begehrt doch überhaupt nach Leben, und zwar nach dem, das ihm als bestes erscheint, und deshalb hat er Anteil am Guten, sofern er das Streben selbst hat, Leben erstrebt, und zwar ein bestes Leben beabsichtigt. Nimmst du aber alles Gute hinweg, so bleibt weder Wesenheit noch Leben noch Streben noch Bewegung noch irgendetwas anderes."[9]

Verblüffend, wie scheinbar bescheiden die Punkte sind, auf die sich diese Autoren stützen: das Sein; das Begehren, das Leben zu leben, das man für das beste hält ... „Scheinbar bescheiden", denn so sehen es nur Theoretiker. In existentieller Hinsicht ist die Dichte enorm: Es geht um nichts weniger als das, was einen Menschen lebendig macht, mithin seinen Elan, sein Verlangen – selbst dann, wenn er sich im „schlechtesten Leben" verirrt. Diese Autoren urteilen nicht: Ohne sich mit den womöglich moralisch verwerflichen Formen aufzuhalten (die sie gar nicht leugnen), besitzt die Spannung, die eine Freiheit beseelt, ihre ganze Aufmerksamkeit. Insofern tragen auch sie dazu bei, sogar eine schlichte „Wurzel" lebendig zu machen. Sie lesen im Herzen der Menschen die künftigen Früchte.

---

[6] Meister Eckhart (1260–1327), ein deutscher Dominikaner, Theologe und Mystiker, konzentrierte seine Lehre auf die Suche der Seele nach dem göttlichen Wesen.
[7] *L'Œuvre latine de Maître Eckhart. Commentaire sur le prologue de Jean*, Paris, Le Cerf, coll. „Oeuvre latine de Maître Eckhart", 1989, n°6, p. 187 [zitiert nach der deutschen Ausgabe: Meister Eckhart, *Die lateinischen Werke*, Bd. 3, Stuttgart 1994, S. 81].
[8] Als erster großer Theologe, der von Mystik sprach, versuchte Pseudo-Dionysius um das Jahr 500, eine Synthese zwischen Platon und dem christlichen Glauben herzustellen.
[9] Pseudo-Denys, *Les Noms divins*, Paris, Aubier, 1943, § 20, p. 114 [zitiert nach der deutschen Ausgabe: Pseudo-Dionysius Areopagita, *Die göttlichen Namen*, in: Bibliothek der Kirchenväter, 2. Reihe, Bd. 2, Kempten/München 1933, S. 84–85].

Ein Mensch weiß recht gut, was in ihm pocht: das Verlangen zu existieren, anerkannt zu werden in seinem Einzigsein. Erfahrungen in wechselnden Liebesbeziehungen sprechen von dieser ihn umtreibenden Sehnsucht nach Anerkennung, aber er muss ein Gegenüber finden, das ihm zuhört. Wenn nicht, kann diese Sehnsucht nur verdrängt oder zum Sprengstoff werden. Diese zwei Möglichkeiten hat sie: Herrschaft oder Unterwerfung. Das eine wie das andere verstärkt jedoch die Einsamkeit. Das ist das Drama des Individualismus, der sich in seiner eigenen Falle verfängt. Das Verlangen, in den Augen eines anderen zu existieren, verlangt Wechselseitigkeit, um als authentisch anerkannt zu werden. Anerkannt zu werden und gleichzeitig anzuerkennen, schafft eine Existenzbeziehung. Der „erste Glaube" betrifft die Qualität dieser Beziehung. Er würdigt die Person nicht bloß: Er macht sie lebendig.

Es gibt nun Ausdrucksformen des Glaubens, die ihn idealisieren, ihre Superlative weisen auf einen Machtwillen hin. Sie gehen Fragen und Infragestellungen aus dem Weg und erzeugen einen Kurzschluss in der Beziehung zum anderen. Sie dienen einer Selbstbekundung nach der Vorstellung vom „guten Christen", der von Fülle träumt. Weil er nichts zu empfangen hat, stellt dieser Christ sich vor, geben zu können. Der „erste Glaube" aber ist konstitutiv für das Menschsein, weil er Vertrauen ist, das einen Menschen sein lässt. Es ist der andere, der an mich glaubt und merkt, ob ich an ihn glaube. Weil es sich dem Zugriff des Subjekts entzieht, führt das Vertrauen den anderen in den geheimsten Garten. Wer Vertrauen schenkt, steht ohne die Sicherheit eines objektiven, eines Bücherwissens dar, das von außen kommt – kennt jedoch diesen anderen, der zu existieren erlaubt, von innen her. Eine ähnliche Erfahrung vermittelt die Begegnung mit Kunst.

Die Kunst berührt nicht, wenn sie einfach das kopiert, was schon da ist, sondern, wenn sie sich unterscheidet von dem, was sinnenfällig ist. Sie hält sich nicht an das, was gesehen wird, sondern an das, was sehend macht; nicht an das, was gehört wird, sondern an das, was die Ohren öffnet. Sie stellt dar, was jenseits der sinnlichen Wahrnehmung liegt. Die künstlerische Erfahrung hängt von einem Vertrauen ab, das überrascht und sich mitreißen lässt. In diesem Sinne bringt sie Mauern zum Einsturz wie die „Trompeten von Jericho" (Jos 6), wie Gott, der die Waffen zerschlägt (Ps 46,10), die Joche der Knechtschaft zerbricht (Jer 30,8; Jes 9,3). Dann ist das Sein dem Wind ausgesetzt: nicht ausgestoßen, sondern offen.

Hier wird deutlich, dass die Öffnung der Indifferenz nur von innen her möglich ist: so, wie es der Braut aus dem Hohelied ergeht, als sie sich von

Kapitel 8: Glauben heißt tun **129**

ihrem Lager erhebt, um ihrem Bräutigam zu öffnen, der an die Tür klopft und flieht, sobald sie heraustritt (Hld 5,3–6). Die Verkündigung des christlichen Glaubens prallt auf das „Nicht-glauben-Wollen", das nicht identisch ist mit der Weigerung zu glauben, sondern das verrät, wie viel Kopfschütteln äußerliche Glaubensformen bewirken, solange sie nicht durch das Innere des Subjekts hindurchgehen. Es wird unvorstellbar, so vielen Gewissheiten, infantilisierenden Darstellungen, einem geschlossenen und kontrollierten System zuzustimmen. Die Person sieht sich außerstande, an das glauben zu wollen, was ihr im Namen des Glaubens vorgetragen wird. Der Apostel Thomas war davon überzeugt, dass ein auferstandener Leib unversehrt und ohne Spuren des Zerfalls sein müsse. Wie hätte er glauben sollen, was in einem so offenen Widerspruch zu seinem Denken stand? Also musste Christus ihm seine Wundmale zeigen, sich ihm ausliefern, damit der Jünger sowohl seine Weigerung als auch eine allzu naive Leichtgläubigkeit aufgab. Vermutlich werden Gläubige erst glaubwürdig, wenn sie ihre Wunden offenlegen, ohne Selbstmitleid oder Masochismus.

Seinen Weg gehen

Oft hört man, wie den Indifferenten der Vorwurf gemacht wird, sie interessierten sich nicht für die wesentlichen Fragen, begnügten sich also mit einer oberflächlichen und banalen Existenz. Das kann so nicht stehenbleiben. Zunächst einmal ist Oberflächlichkeit nicht das Alleinstellungsmerkmal der Indifferenten. Wenn man sieht, wie viele „Gläubige" mehr mit Ritualen und Gewändern als mit Hunger oder Ungleichheiten beschäftigt sind, dann liegt die Vermutung nahe, dass diese Art der Religion nicht sehr tief reicht. Sodann fehlt es den berühmten wesentlichen Fragen häufig an einem Körnchen Salz, das ihnen Geschmack verleiht. Stattdessen kann sie ein Körnchen Sand blockieren. Und schließlich: Ist es denn nicht wesentlich, sich um das zu sorgen, was der Existenz eine konkrete und dauerhafte Anerkennung verschafft? In der Indifferenz bekundet sich eine Zurückhaltung, eine Vorsicht, ein Zögern, eine Art Sparsamkeit, die niemand in den Wind schlagen darf, wenn er nicht der Leichtgläubigkeit anheimfallen will.

Diese Haltung ähnelt dem Zweifel, aber nicht in dem Sinn, in dem Zweifel gemeinhin verstanden wird. Um was es hier geht, ist nicht der methodische Zweifel, der mit Forschung und Analyse verbunden ist, sondern es geht um eine existentielle Grundhaltung. Dieser Zweifel ist nicht bloß Argwohn und schon gar nicht Unwissenheit. Er ist wesentlicher Bestandteil des Vertrauens, indem er nämlich dem Vertrauen ermöglicht, weder endlos nachzuforschen noch – was sein Tod wäre – in der Sicherheit der Fakten unterzugehen. Diese Zurückhaltung erlaubt dem Vertrauen, es selbst zu bleiben, das heißt, die Sehnsucht nach dem anderen zu bewahren und zugleich das Wissen, dass der andere den ihn umschließenden Händen entweicht, weil er über ihren Zugriff hinausgeht. Was sicher ist, ruft nicht nach Vertrauen, sondern nach Gewissheit und Besitz. Was bewiesen ist, wird ein Objekt. Das Vertrauen appelliert an ein Subjekt, es enthält also immer ein Zögern, weil es ja nie einer sicheren, ruhigen, trägen Wirklichkeit entspricht. Dieser Zweifel schützt das Subjekt durch eine Art Respekt.

Das führt uns zurück auf die ursprüngliche Bedeutung des Wortes Zweifel: ein Zögern oder Schwanken *zwischen zwei* Lösungen (*duo*, *deux*, hat zu *doute* und *double* geführt);[10] *zwischen* Inbesitznahme und Flucht zu verharren, um beide Aspekte zu wahren: das Vertrauen in den anderen und den Respekt, ihn nicht in die eigene Gewalt zu bringen – damit ist genau beschrieben, um was es geht. Diese Zurückhaltung ermöglicht die Bewegung, das Weitergehen, die Suche. Der Zweifel ist damit verbunden, dass es keine abschließende Gewissheit gibt. Damit untergräbt er das Vertrauen aber nicht, sondern bringt es weiter. Mehr noch: Erst das Unabgeschlossene erzeugt die Geschichte. In dem, was bleibend zur abschließenden Gewissheit, zum ersehnten Besitz fehlt, wird das Verlangen immer wieder neu geboren. Dieses bleibende Fehlen macht allerdings auch Angst: Der Zweifel bringt die Furcht mit sich, nichts mehr in Händen zu halten, und kann so in das Bedürfnis übergehen, ein Objekt zu besitzen, das doch immer wieder entweicht. Die Furcht kann das Verlangen zum Erlöschen bringen, während das Vertrauen im Nichtbesitzen lernt, über sich hinauszugehen in einer wechselseitigen, immer dichter werdenden Beziehung. Auf diese Weise entsteht die Treue.

Zu Recht spricht die Romanautorin Marie-Sabine Roger vom „Zweifeln ohne Ausweg".[11] Sie lässt an jene denken, die allein mit den Fragen ohne Antworten zurechtkommen müssen. Die Einsamkeit lässt ihnen keine andere Wahl. Sie setzt sich durch. Und genau an dieser Stelle lässt das

---

[10] Anm. d. Übers.: Ganz ähnlich steckt im deutschen Wort *Zweifel* die Wurzel zweifach, zwiespältig.
[11] Marie-Sabine Roger, *Bon rétablissement*, Arles, Rouergue, coll. „La Brune", 2012, p. 110 [deutsche Übersetzung: *Das Leben ist ein listiger Kater*, Hamburg 2014].

Vertrauen eine Beziehung wachsen, einen „Zweifel mit Ausweg", ein respektvolles Lernen vom anderen.

Dann wird der Glaube glaubwürdig. Wie gelangt man vom „ersten Glauben" zu einem christlichen Glauben? Die Säkularisierung bringt an ihren Rändern die Leichtgläubigkeit zur Entfaltung. Einen Glauben ohne Gesicht, ohne den anderen, der wirklich anders ist. Die Indifferenz verpflichtet dazu, den anderen in seinem tiefsten Innern zu erreichen: in seinem Willen zu existieren. Es gibt keine globale „Lösung". Es gibt nur eine Haltung der Geschwisterlichkeit und der Geduld. Das setzt voraus, sich denen gegenüber, die sich indifferent nennen, nicht indifferent zu zeigen.

Die Haltung Jesu bezieht sich auf Situationen, die teilweise schon nicht mehr jene der Evangelisten sind, die von ihm erzählen. Und doch können uns auch diese für uns fremden Situationen einen Weg weisen. Bei Matthäus (Mt 10,34–39) geht es um Christen, die in familiäre Konflikte verstrickt sind, Streitigkeiten, in die sich unweigerlich die Nachbarschaft einmischt. Jesus weigert sich, Frieden zu bringen. Er scheidet die Positionen mit dem Schwert seines Wortes (Hebr 4,12) und drängt jeden, sich nicht länger auf sein Umfeld zu stützen, sondern eigene Entscheidungen zu treffen. Jeder Mensch hat vielfältige Neigungen und Bindungen. Es geht also darum, diese unvermeidlichen Beziehungen zu hierarchisieren: Ehepartner, Kinder, Freunde, Arbeit, Urlaub. Immer wieder muss neu sortiert, Maß genommen, nachjustiert werden, und das bringt den Gläubigen in eine Position der Ungewissheit, weil er unablässig ein neues Gleichgewicht herstellen muss. Er muss sich selbst befragen und findet so den Zweifel wieder, der Luft in das Vertrauen bringt.

Eine solche Position, die nie abschließend gesichert ist, die nichts endgültig löst und keinen Zweifel darüber lässt, dass es keine zwingende Notwendigkeit gibt zu glauben, ist nur zu halten durch den Ruf jenes Anderen, der selbst den gewagtesten, den schutzlosesten Platz eingenommen hat. Paulus spricht in diesem Zusammenhang von Erbe (Röm 8,17). Die Antike kannte unsere Gesetze über den gesetzlichen Pflichtteil nicht. Erbe wird das genannt, was durch das Los – mit anderen Worten, durch den freien Willen des Erblassers zugeteilt wurde. Das Erbe tritt also unerwartet ein, es ist Gnade; es ist das Gegenteil der Indifferenz gegenüber dem Nächsten und stellt einen Akt der Anerkennung dar, ein Erstaunen also für den, der es empfängt. Jene die staunen, dass sie glauben, verstehen diejenigen, die sich dem Glauben gegenüber indifferent verhalten.

Denn die Indifferenz stellt den Glauben auf denkbar beängstigende Weise in Frage: nicht durch Widerspruch, der den Gegner stets anerkennt und somit ehrt, sondern durch Desinteresse. Jesus hat sich für den Menschen interessiert, als er sich dem öffentlichen und entehrenden Tod aussetzte. Und er drängt niemanden. Er ist da, still, ohne Vorwurf oder Bitterkeit. Verfügbar. Diese stumme Hingabe zieht jene an, deren gesamtes Leben in einer Stille versinkt, der sonst keiner Beachtung schenkt. Sein Leben wahrzunehmen, heißt, aufzubrechen und sich auf den Weg zu machen. Das ist kein religiöses System, sondern ein Führen seiner selbst. Und zwar ein Führen des eigenen Lebens in Begleitung, ein „begleitetes Fahren"[12].

---

[12] Anm. d. Übers.: Das Wort *conduite*, das Rouet hier verwendet, entspricht in seiner Grundbedeutung dem deutschen Wort *Führung* im Sinne der Steuerung des eigenen Verhaltens – oder eines Fahrzeugs, der eigenen Bewegung oder auch der Bewegung mehrerer auf ein Ziel hin. Rouet nimmt das Führen des Fahrzeugs als Bild für die Führung der eigenen Person, und zwar der begleiteten Führung. *Conduite accompagnée* spielt darauf an, dass Jugendliche in Frankreich ab 15 Jahren in Begleitung mindestens eines Erwachsenen mit entsprechender Genehmigung Auto fahren dürfen.

Relecture

Gewöhnlich lese ich ein Buch, das ich geschrieben habe, nicht noch einmal. Ich lasse ihm sein Eigenleben. Dabei kann es passieren, dass Leser bzw. Leserinnen ein älteres Werk besser kennen als ich. Das trifft für dieses Buch zu, das nun aufgrund der Freundschaft, die mich mit Hadwig Müller verbindet, in deutscher Sprache erscheint. Ich danke ihr für ihre beharrliche und achtsame Arbeit. Durch ihre Bitte wurde ich also dazu bewogen, diesen Text noch einmal zu lesen, acht Jahre nach seinem Erscheinen.

Der französische Titel *L'étonnement de croire* [wörtlich: „Das Staunen zu glauben"] schien mir, zu jener Zeit jedenfalls, eine Selbstverständlichkeit zu sein. In meinen Augen trifft es für den Glauben zu, dass er überrascht. Viele nichtgläubige Freunde und auch wissenschaftliche oder populäre Thesen meinen, die Tatsache, dass Menschen glauben, durch Ängste oder durch die Unzulänglichkeiten des menschlichen Lebens erklären zu können, etwa durch Angst vor dem Tod oder aus dem Schutzbedürfnis angesichts existentieller Bedrohungen heraus. Motive, religiöse Überbauten anzuprangern, gibt es einige, wenn diese dazu dienen, die Lebenslust zu betäuben oder die sozialen Ungerechtigkeiten zu rechtfertigen. All das ist bekannt und überrascht nicht im Geringsten. Ich habe darin immer nur ausuferndes Nichtwissen über das gesehen, was der Glaube wirklich ist.

Natürlich gibt es bestimmte Formen von Gläubigkeit, auf die solche Erklärungen zutreffen. Einige verbergen unter dem Glauben Ängste und Ausflüchte, die kaum etwas mit Jesus Christus zu tun haben. Wer beispielsweise vom Evangelium eine Sicherheit erwartet, um Privateigentum zu garantieren oder eine Familienpolitik zu fördern, verkennt die Botschaft Jesu Christi. Dieser hat die Vorstellungen, die sich seine Zeitgenossen von Gott und von seinem Gesandten machten, unaufhörlich in Frage gestellt. Die Gleichnisse etwa sind keineswegs bebilderte Erzählungen von einem ländlichen und idyllischen Leben; vielmehr sind es Texte, denen es darum geht, die Wege zu Gott zu ebnen. Von ihm zeichnen sie ein im eigentlichen Sinne unerhörtes Bild. Nur ein einziges Beispiel: Welcher Sämann würde seinen Samen ausstreuen, ohne vorher zu schauen, wohin er fällt, damit er ihn nicht verschwendet?

Es hat also einen anderen Grund, dass der Glaube ein Staunen ist, es ist seine innere Dynamik. Ich war überrascht, dass der Buchtitel derart verunsichert und irritiert hat. Zu glauben sei erstaunlich? Wenn es aber nicht mehr erstaunlich ist zu glauben, dann, weil es selbstverständlich geworden ist, normal; so „normal" wie die Weitergabe des Glaubens in der Familie, so etabliert wie die von einer großen Mehrheit getragene Religion. Andererseits: Wenn der Glaube nicht mehr überrascht, wenn stattdessen der Nichtglaube außergewöhnlich geworden ist, so sehr, dass er sich ständig rechtfertigen muss, wie soll man dann noch das *Magnifikat* singen: „Denn der Mächtige hat Großes an mir getan"[1] (Lk 1,49)? Wie lässt sich übersehen, dass der Gang der Geschichte jegliches „Wunder" abgemildert hat, bis dahin, es in einer unbeweglichen Ordnung zu banalisieren?

Freilich, die Aufmerksamkeit der Gläubigen wurde bisweilen geweckt, sie sind in Bewegung geraten: durch Konflikte zwischen verschiedenen Bekenntnissen, durch den Elan, der Missionare in die Ferne führte, durch Kämpfe gegen europäische Revolutionen und gegen scharfe Kritik. Den Glauben zu verteidigen, setzt voraus, dass er gefestigt ist, bewaffnet, eroberungsfreudig: Was dahin führt, ihn wie eingerichtet in seinem *elfenbeinernen Turm* zu sehen und damit zu vergessen, dass er in sich selber immer überraschend bleibt, weil er von Grund auf eine Gnade ist.

Wenn Menschen sagen, dass sie keinen Glauben haben, denken viele spontan an den religiösen Glauben. Sie machen sich nicht klar, dass sie Vertrauen aufbringen, um ihr Leben zu führen, Vertrauen auf Werte, auf die Liebe, auf die Ehre usw. Daraus ergeben sich ihre Entscheidungen. Das ist es, was ich den „ersten Glauben" nenne. Er ist das Erdreich, in dem sich der religiöse Glaube verwurzeln kann. Denn der „erste Glaube" öffnet der einzelnen Person einen Horizont, der sie weitet und über sich selbst hinausführt.

Der christliche Glaube nun beinhaltet das Kommen eines Anderen, eines radikal Anderen. Er ist uns gleich geworden, unser Bruder, um uns zum Vater hinzuführen. Er hat von seinem Vater so gesprochen, dass wir darüber staunen dürfen. Der Vater verlangt nach jeder einzelnen Person und wohnt ihr als eben dieses Verlangen inne: Er zieht sie zu sich hin, er ruft nach ihr (vgl. Joh 6,44). Der Glaube ist zuerst ein Ruf. Insofern

---

[1] Anm. d. Übers.: In der französischen Übersetzung des lateinischen *Magnifikat* klingt das Staunen, die Verwunderung deutlicher an: „Le Seigneur fit pour moi des merveilles" // „Der Herr hat Wunderbares für mich gewirkt."

schafft der Glaube das Staunen. Und ein solches Staunen ist es, dass es die einem Menschen eigene Ordnung erschüttert, bis in seine Gewohnheiten und Geisteshaltung hinein, weil die Präsenz dieses Anderen, der sich ihm gibt, eine Veränderung der Beziehungen zu sich selbst, zu den anderen und zur Welt bewirkt. Der Gläubige denkt von Grund auf neu mit einem Anderen.[2] Das ist es, was den Glauben zu einem Staunen macht.

***

Die Indifferenz stört offensichtlich das Staunen zu glauben, allerdings nicht direkt, denn es geschieht öfter, als man meint, dass sich Menschen, die nach eigener Aussage wenig Interesse an religiösen Themen haben, überraschen lassen: durch eine Begegnung, durch eine Feierlichkeit oder durch ein schwerwiegendes Ereignis. Auf eine andere, eher indirekte Weise rückt die Indifferenz vom Glauben ab, sie hält sich fern von ihm, weil die für religiöses Leben zuständige Institution in ihren Augen keine Anziehungskraft mehr ausübt und nicht einmal Neugier weckt.

Hier liegt ein Paradox, über das man sich im Klaren sein muss. Um ihr Fortbestehen zu sichern, um die unabdingbaren Bindungen zwischen den verschiedenen Gemeinschaften zu erhalten, um Abweichungen zu korrigieren, musste die Kirche sich institutionalisieren. Dieser Prozess war nützlich und unvermeidbar. Jeder soziale Körper braucht ein Gerüst, eine Struktur, die ihn aufrechthält. Die Institutionalisierung hat aber auch zur Folge, dass die Kirche zu einer festen Einrichtung in der Gesellschaft wurde, mehr oder weniger im Einklang mit der sie umgebenden Welt – und daher auch mit dem Risiko, geschichtlichen Veränderungen genauso unterworfen zu sein, die sie schmerzhaft zu spüren bekommt, wenn sie sich dagegen sperrt.

Sobald sich nun das Zeugnis der Kirche in eine geschichtlich in Bewegung befindliche Gesellschaft einschreibt, geht die Indifferenz auf Abstand und bekundet ihr Desinteresse. „Das sagt mir nichts mehr", ist oft zu hören. Mit anderen Worten: Eben die Institution, die das Evangelium bringen soll, kann auch zu einem Ort werden, an dem seine Botschaft verwässert wird. Das ist die eigentliche Anfrage der Indifferenz an die Kirche.

In früheren Jahrhunderten wirkten verschiedene Momente zusammen: der Druck des Sakralen, das Alleinstellungsmerkmal des Christentums (im Westen) und – sagen wir es ruhig – auch der politische Rahmen der

---

[2] Genau dies meint das griechische Wort *Metanoia* (Umkehr, Bekehrung): Es setzt sich zusammen aus *meta* (mit) und *noein* (denken).

Macht – all das sicherte der Kirche ihre beherrschende Stellung und ihren Einfluss. Hier tut es gut, daran zu erinnern, dass die Väter der Laizität *à la française* überzeugt waren, die Kirche würde zusammenbrechen, wenn ihr die Unterstützung und die Zuweisungen durch den Staat entzogen würden. Damit waren sie ein wenig voreilig! Allerdings sind diese Allianzen heute verschwunden oder zumindest schwächer geworden. Und es scheint, dass dieser Prozess schon unter dem Regime des Konkordats begonnen hat. Es bleibt freilich ein Gesetzesrahmen, aber hat er noch Anziehungskraft, um der Indifferenz widerstehen zu können? Oder hat er nur zur Folge, der Frage auszuweichen? Immerhin vergrößert ein Abkommen zwischen Staat und Kirche ihr Gewicht als Wohlfahrtseinrichtung, nur in einem sehr engen Rahmen.

Was die Kirche ohne Zutun des Staates noch an kultureller und gesellschaftlicher Bedeutung hat, wirkt stabilisierend und lässt sie noch standhalten. Feindschaft ist ja auch eine Form der Anerkennung, die den Wert des Gegners steigert. Die Indifferenz steht außerhalb der unterstützenden und der angreifenden Kräfte. Sie ist anderswo, in einer als individualistisch qualifizierten Welt, die der Öffentlichkeit und den Institutionen keinen Widerstand entgegensetzt. Zugleich führt der Individualismus zu einer Zerbröselung der Institutionen, von der auch die Religionen betroffen sind. Die Vielfalt religiöser Gruppierungen ist unüberschaubar geworden. Der Einzelne, der für eine der vielen Gruppierungen kein Interesse mehr aufbringen kann, der Indifferente, steht alleingelassen vor Entscheidungen, deren Zusammenhänge und Tragweite ihm verschlossen sind. So entwickelt sich eine üppige und bunt blühende Leichtgläubigkeit.

***

Lange Zeit reagierte die Kirche (zumindest die Kirche in Frankreich) nicht auf diese neue Situation. Die These von der Neuheit der Indifferenz muss im Übrigen relativiert werden. Denn eine wirklich starke religiöse Praxis existierte in Frankreich höchstens noch in vielleicht fünfzehn von neunzig Departements. Die anderen hatten sich, teilweise wahrscheinlich schon seit Jahrhunderten, nach und nach in aller Stille vom Glauben verabschiedet, auch wenn sich oft noch individuelle rituelle Praktiken hielten (Taufe, Erstkommunion, Hochzeit, Beerdigungen). Die jährliche Osterkommunion vertrug sich wunderbar mit dem Fernbleiben von der Sonntagsmesse im übrigen Jahr. Die Weinbauregionen und die ehemaligen Ländereien der Klöster hatten sich schon lange von der Kirche entfernt, nicht ohne zumindest einen Anschein von Respekt zu wahren. Viele Urteile über die Entchristlichung tragen diesen wichtigen Unterschieden keine Rechnung. Sie beschränken sich zu oft auf Zahlen (z. B. in Bezug auf den Empfang der Sakramente) und lassen sich durch die unauffällige Distanzierung der Menschen nicht in Frage stellen. Allerdings gibt es wohl eine Neuheit, und zwar auf zwei Ebenen. Die erste: Die Indifferenz ist unübersehbar, sie zieht einen rasanten Verfall der religiösen Praktiken nach sich. Es ist wie ein Baum, der umfällt, weil dessen Inneres hohl ist. Die zweite: Die Indifferenz hat jetzt auch die Regionen erreicht, in denen die religiöse Praxis noch stark war. Auch hier braucht ein gesellschaftlich selbstverständlicher Glaube mittlerweile unbedingt eine persönliche Überzeugung. Niemand kann ohne eigene Bekehrung glauben.

Vor dem Zweiten Vatikanischen Konzil hatte das Buch von Henri Godin *Frankreich, Missionsland?* (1943)[3] auf eine Situation aufmerksam gemacht, die in den folgenden Jahrzehnten durch die Untersuchungen des Kanonikers Fernand Boulard[4] genauer analysiert wurde. Wie hat die Kirche seitdem auf diese neuen Erkenntnisse reagiert, und wie steht sie heute dazu? Eines lässt sich klar sagen: Zwei geschichtliche Etappen zu unterscheiden bzw. einander gegenüberzustellen, ist zu einfach. Vielmehr hat sich eine Art Konkurrenz zwischen zwei Strömungen ausgebildet, die die französische Gesellschaft in praktisch allen Bereichen – politisch, sozial, kulturell und religiös – durchziehen. Sie durch den gewöhnlichen Gegensatz von „rechts" und „links" zu kennzeichnen, ist allzu vereinfachend: Die Indifferenz hat keine politische Meinung, sie offenbart sich sogar in einer Ablehnung der Parteien und in einem zunehmenden Fernbleiben von Wahlen. Kirchliche Reaktionen zu beschreiben, erfordert Nuancierungen.

Zunächst hat sich die Kirche nicht mit der Indifferenz als solcher beschäftigt. Ihre hauptsächliche Sorge galt den verschiedenen Formen von Atheismus. Die Arbeiterpriester, die *Mission de France* und die Bewegungen der *Action Catholique* wollten in den am weitesten vom Glauben entfernten Milieus einschließlich bestimmter ländlicher Gebiete präsent sein, möglichst nah bei den dortigen Menschen. Bekanntermaßen trafen

---

[3] Anm. d. Übers.: Henri Godin et Yvan Daniel, *La France pays de mission?* Paris, Les Éditions de l'Abeille, 1943.

[4] Anm. d. Übers.: Fernand Boulard (1898–1977, 1922 Priesterweihe in Paris) gilt als Pionier einer Religionssoziologie, die für die Pastoral in Frankreich bedeutsam wurde. 1947 veröffentlichte er die erste Karte der religiösen Praxis in den ländlichen Gebieten Frankreichs, die später immer weiter ausdifferenzierte „Boulard-Karte". 1968 wurde sie durch eine entsprechende Karte für die städtischen Gebiete vervollständigt.

Relecture **139**

diese pastoralen Engagements auf Widerstände, und zwar auf Seiten derer, die dachten, nur eine erneuerte Katechese, eine erneuerte Liturgie wären der Weg zu einer anziehenden Kirche. Tatsächlich hat die Gegnerschaft dem Glauben gegenüber an Schärfe verloren. Vor allem dank ihres sozialen und intellektuellen Engagements hat die Kirche sogar wieder an Glaubwürdigkeit gewonnen.

Der Zusammenbruch der großen Ideologien bzw. ihr Ersatz durch die eine Ideologie des Neoliberalismus schuf nun das Klima dafür, dass die entsprechenden Auseinandersetzungen verstummten und die Indifferenz zutage treten konnte. Sie hat etwas Ungreifbares, schleichend dringt sie auch in sehr engagiert gläubige Familien ein. Die siegreiche Säkularisierung öffnete ihr Tür und Tor. Die Gesamtheit der Katholiken – das darf ich wohl sagen – entdeckte mit Schrecken, dass sie umringt war von einer Parallelwelt ohne die geringste Aufmerksamkeit für den Glauben. Und das in dem Augenblick, in dem der Islam „die zweite Religion in Frankreich" wurde.

Die katholische Reaktion kapselt sich jetzt ab (eine ähnliche Haltung findet sich in allen Religionen der Welt, vor allem im Islam). Diese Reaktion – das ist mir wichtig – ist bloße Reaktion. Sie enthält keine eigene Initiative zu einem neuen Gespräch mit der zeitgenössischen Welt. Die Mittel, die sie einsetzt, sind Vorstellungen einer nur noch in Spuren vorhandenen, als solide angesehenen Vergangenheit, Bilder vom „guten" Katholiken, vom „guten" Priester ... Sie haben große Anziehungskraft, weil sie beruhigen. Insgesamt ist eine Restauration im Gange, die sich ganz um die Pfarrei dreht, um ihren Pfarrer (auch wenn dieser in immer größerer Entfernung zu suchen ist) und um die Eucharistie.

Offenbar konnte aber diese Reaktion das Ansteigen der Indifferenz nicht bremsen. Dabei kann die Indifferenz auch durchaus neugierig sein auf kulturelle Bekundungen dessen, was die Medien als „Stil der katholischen Gemeinschaft" erklären. Sie ist eine unter anderen, nicht mehr und nicht weniger. Angesichts dessen ist die Versuchung groß, eine dichte Reihe von Festungen zu bauen entlang einem Fluss, der einfach weiterfließt. Aber dennoch fahren auch viele Christen fort, geschwisterlich im Gespräch und Miteinanderteilen mit ihren Nachbarn zu leben. Sie sorgen dafür, das Gesicht einer Kirche zu erhalten, die dem Leben der Menschen nahe ist.

***

Die zeitgenössische Indifferenz stellt die Kirche vor schwierige Fragen. Seit dem Erscheinen dieses Buches, hat sich, so meine ich, die Situation noch weiter radikalisiert. Sie ist undurchschaubarer geworden. Eine Tatsache trifft mich besonders: Trotz der Krisen, die das Priesteramt gerade durchmacht, vor allem wegen der Skandale um den sexuellen und den „geistlichen" Missbrauch, ist dennoch fortwährend immer nur von den Priestern die Rede. Ist dabei aber klar, dass eine Reform des Klerus, so sehr sie moralisch nötig ist, nur einen Klerus hervorbringen würde, dessen Macht gestärkt wird, wie es schon bei der gregorianischen und der tridentinischen Reform der Fall war? Dagegen scheint es mir immer dringlicher zu sein, unsere gesamte Struktur mit ihrer aufs Zentrum hin orientierten Funktionsweise zu überprüfen. Wann wird von den Diakonen gesprochen (einige Diözesen haben aufgehört, Diakone zu weihen)? Vor allem aber: Wann wird von dem größten Reichtum der Kirche gesprochen, der die Getauften sind? Dieses Schweigen ist ein Rückschritt.

Ich möchte nicht auf den ganzen Inhalt dieses Buches zurückkommen. Ein Punkt liegt mir besonders am Herzen: das Volk Gottes. Die Taufe bedeutet die Aufnahme in einen Leib. Das betont der heilige Paulus (1 Kor 12; Röm 12). Er kennt aber auch die Grenzen dieses Bildes. Was auch immer er davon sagt, er weiß, dass die Glieder nicht gleich sind. Die hellenistischen Stadtstaaten waren strukturell von großen sozialen Unterschieden geprägt. Als der Apostel den Galatern schreibt, dass Christus uns „zur Freiheit befreit" hat (Gal 5,1), denkt er daher nicht an eine moralische Freiheit, wie sie die Philosophen seiner Zeit verteidigten. Vielmehr denkt Paulus an die Tatsache, dass alle Christen und Christinnen, genauso wie die wenigen Freien des Stadtstaates, das Recht und die Pflicht haben, an allem aktiv teilzunehmen, was ihre Gemeinschaft betrifft. Er macht sie zu Verantwortlichen, auch jene, die ihrem bürgerlichen Stand nach Sklaven sind.

Sodann stellt sich das Problem, wie die Glieder des Leibes zusammenspielen, damit es keine Lähmungserscheinungen gibt. Erst Gallienus[5] musste kommen, um dem Haupt an der Spitze die beherrschende Rolle

---

[5] Anm. d. Übers.: Publius Licinius Egnatius Gallienus (218–268), kurz Gallienus, war von 253 bis 260 neben seinem Vater, Kaiser Valerian, Mitregent des Römischen Reiches und von 260 bis 268 alleiniger Herrscher. Den Christen gegenüber war er tolerant – die Verfolgungsedikte, die sein Vater erlassen hatte, hob Gallienus 260 auf – und bereitete den Weg für die diokletianisch-konstantinische Reichsverfassung, indem er Militär und Verwaltung reformierte (https://de.wikipedia.org/wiki/Gallienus, abgerufen: 4.9.2021).

zuzuschreiben. Zur Zeit des Paulus dagegen ist das Haupt dazu da, Bewegungen zu ordnen und aufeinander abzustimmen, das Befehlen ist nicht seine Sache. Leitung geschieht durch die von Nächstenliebe geprägten Beziehungen. Hier gäbe es Anlass, um von Grund auf neu über die Rolle der Dienstämter nachzudenken.

Schließlich ein Letztes: Das Volk Gottes hat heute, auch in religiösen Fragen, immer mehr Bildung, zuweilen deutlich mehr als der Klerus. Es hat seine eigenen Gottes- und Glaubenserfahrungen, so dass Papst Franziskus vom Volk Gottes als Quelle für die Theologie spricht. Dieser Weisheit im allgemeinen Glaubenssinn von Christinnen und Christen müsste die Theologie besser Rechnung tragen. Genauso wie theologische Studien an den Universitäten unentbehrlich sind, als genauso unentbehrlich erweist sich die Verbindung zum Volk. Der Abstand, der zwischen theologischen Spezialisierungen und dem Leben der Christen besteht, lässt vergessen, wie eng eine jede Rede von Gott als Wort des Lebens auf das konkrete Leben bezogen sein muss. Gott ist der *lebendige Gott.*

Diese dreifache Aufmerksamkeit für das Volk Gottes, seine inneren Beziehungen und sein glaubendes Bewusstsein – das sind Anstrengungen, die zu unternehmen die Kirche gerufen ist, um fähig zu werden, auf die ihr durch die Indifferenz gestellten Herausforderungen zu antworten.

***

Es geht wirklich darum zu zeigen, dass der Glaube lebendig macht, der ungeschützt mitten in der Welt gelebt wird. Das christliche Zeugnis in den Augen der Zeitgenossen interessant werden zu lassen, setzt weder eine gut funktionierende Organisation voraus (dafür setzen sich die Institutionen ein) noch geglückte Events (das ist das Metier von politischen Gruppen und Kulturschaffenden), noch ist es nötig, auf Zahlen und Statistiken zu schauen oder auf soziale Leistungen. Dieses Zeugnis hat dort seinen Ort, wo die Indifferenz entsteht, d. h. im Individualismus: also konkret gesprochen da, wo sich eine Person mit dem mühsamen Geschäft, das eigene Leben zu leben, angesichts unüberschaubarer Organisationen allein vorfindet.

Es sind die Begegnungen von Person zu Person, die jetzt entscheidende Bedeutung bekommen. Tertullian erzählt irgendwo, dass die Leute während ihrer Einkäufe vom christlichen Glauben hörten, und zwar weil Händler davon sprachen! Die Kirche muss den Getauften Vertrauen schenken. Das geht nur auf dem Weg, bescheiden zu werden.

Predigten über die Aussendung der Jünger betonen gern die Forderung Jesu, ohne alles aufzubrechen. Dabei lassen sie die andere Seite ungesagt: dass die Jünger, die auf diese Weise allein auf ihr Menschsein angewiesen sind, etwas tun müssen, damit sie akzeptiert werden; dass sie Menschen durch ihre Freundlichkeit gewinnen müssen, damit sie Herberge und Essen bekommen. Denn es wartet niemand auf sie. Christus versetzt sie in eine Situation, in der sie um Gastfreundschaft bitten müssen; wie jüngere Brüder müssen sie sich vorstellen, die von den Älteren empfangen werden möchten. Hier steht also der konkrete Mensch im Vordergrund, nicht eine Idee, eine abstrakte Moralvorstellung vom Menschen. Nur so ereignet sich Inkarnation. Jede andere Annäherung führt letztlich in die Isolation. Die Indifferenz kann Erfolge bestaunen und aufsehenerregende Kundgebungen bewundern. Deswegen lässt sie aber noch lange nicht alles, was sie blendet und blind macht, in ihr Inneres ein.

Ein glaubendes Volk ist eine Gemeinschaft von verantwortlichen Personen, die fähig sind, von ihrem Leben und Glaubensleben in alltäglichen Worten zu sprechen. Die vielen Ausbildungen für Laien (dieser Ausdruck sollte gründlich hinterfragt werden!) sollen sie zum geistigen Aufbau der Gemeinschaft befähigen. Das ist gut so. Erinnern wir uns aber an den ersten Satz, den Jesus zu seinen Jüngern sagt, die keine besondere Bildung mitbrachten: „Ich werde euch zu Menschenfischern machen." (Mt 4,19) Er geht von ihrem Menschsein und von ihrer alltäglichen Arbeit aus. Angesichts der Indifferenz scheint mir das interessant zu sein.

Soweit meine Relecture. Ich weiß nicht, was sie Leserinnen und Lesern bringen wird, die dieses Buch entdecken. Das ist auch nicht ihr Anliegen. Ich habe nur versucht, einige Spuren zu vertiefen. Jeder, jede Gläubige findet ihren bzw. seinen Weg zu den Schwestern und Brüdern, die nichts von einem Glauben erwarten, der ihnen veraltet vorkommt. Wir aber, wir schulden ihnen ein Evangelium, das uns lebendig macht.

Périgueux, 15. August 2021

Albert Rouet

Emeritierter Erzbischof von Poitiers